os desafios deste tempo

Dados Internacionais de Catalogação na Publicação (CIP)
(Câmara Brasileira do Livro, SP, Brasil)

Morais, Regis de
Os desafios deste tempo : desencanto e esperança / Regis de Morais. – Petrópolis, RJ : Vozes, 2020.

Bibliografia.
ISBN 978-85-326-6292-7

1. Comportamento humano 2. Consumismo 3. Existência humana 4. Filosofia social 5. Relações humanas 6. Sociedade 7. Utopia I. Título.

19-29360 CDD-300.1

Índices para catálogo sistemático:
1. Filosofia social 300.1

Cibele Maria Dias – Bibliotecária – CRB-8/9427

regis de morais

os desafios deste tempo

desencanto e esperança

EDITORA VOZES

Petrópolis

Rua Frei Luís, 100
25689-900 Petrópolis, RJ
www.vozes.com.br
Brasil

Editoração: Leonardo A.R.T. dos Santos
Diagramação: Sheilandre Desenv. Gráfico
Revisão gráfica: Alessandra Karl
Capa: Rafael Nicolaevsky

ISBN 978-85-326-6292-7

Editado conforme o novo acordo ortográfico.

Este livro foi composto e impresso pela Editora Vozes Ltda.

Em memória
de Maria Lúcia, esposa amada de
Manuel Morais Filho, irmão muito
querido.

O mundo nada pode contra um homem que canta na miséria.
SÁBATO, E. *La resistencia*, 2004.

Quanto mais se acumulam os desafios, mais os fatores de angústia são importantes, e mais essa questão da esperança torna-se decisiva.
VIVERET, P. & MORIN, E.
Como viver em tempo de crise, 2013.

Sumário

Preâmbulo

Sem dúvida são legítimas as preocupações postas ao nosso viver pelos aspectos críticos dos tempos atuais. Simultaneamente a indubitáveis avanços de ordem material, sobretudo os de natureza tecnocientífica, cresce certo sentimento vertiginoso que faz da infelicidade e do medo fibras constantes do tecido humano de natureza emocional e mesmo espiritual. Convivemos com uma juventude, em certa medida, aparentemente desapontada com seu cotidiano, isto ao ponto de moços e moças apostarem, mais e mais, em uma espécie de bem-estar artificial e de pouquíssima duração proporcionado pelas drogas e por divertimentos vazios, os quais, no mais comum das vezes, terminam em depressão e lágrimas.

Com frequência nos defrontamos com irmãos nossos de jornada existencial que visivelmente se encontram à beira da própria autodestruição. Muitas vezes por estarem com sua autoestima tão próxima do rés do chão que, se não puderem adquirir, por exemplo, um vistoso automóvel, descreem de que valha a pena permanecerem neste nosso mundo. As relações inter-humanas, em significativa medida, mostram-se muito deterioradas, desde o âmago das famílias até às incertezas das comunidades maiores.

Assim, não há mais tempo para se adiar uma reflexão a qual não peque por ingenuidades, mas logre descobrir importantes veios esperançosos que nosso existir sempre tem. Tais esperanças de fato existem? É o que têm procurado demonstrar grandes filósofos contemporâneos como o alemão Ernst Bloch, o brasileiro Rubem Alves e o italiano Paolo Rossi, bem como o pensador da educação – orgulho do nosso país – Paulo Freire. Contrapõe-se uma contemporânea maré apocalíptica no sentido equivocado de Apocalipse, de vez que este significa puramente *revelação*. Como anota o pensador de língua francesa Patrick Viveret, abordando o sentido dos momentos apocalípticos:

> O Apocalipse não é a catástrofe, mas a revelação. Trata-se, naturalmente, de um momento de bifurcação crítica que pode comportar aspectos destruidores, mas que também é, fundamentalmente fonte de renascimento (VIVERET & MORIN, 2013, p. 33).

Conforme este pequeno livro argumentará adiante, de nada valerá que choraminguemos, se não formos na direção dos "possíveis concretos" ainda não efetivamente buscados. E nunca poderá ser correto escolhermos um aspecto do existir para nele nos fixarmos; afinal, nossa vida é caracterizada por uma complexidade de feições e momentos, tanto do ponto de vista pessoal quanto do sociocultural. Olhar com agudeza para essa diversidade é de fato viver, sem que fujamos de todos os momentos pelos quais precisemos passar.

Este autor adianta ter enfrentado fases de certa desilusão; afinal a boa saúde, orgânica ou emocional, não é para todos algo muito constante, da mesma forma que percebemos o nosso meio social passando por períodos mais ou menos enfermiços. Pois serão bem-aventurados aqueles que, nos períodos sombrios ou ensolarados, se disponham a atravessá-los com uma humildade corajosa porque não presa ao pensar egocêntrico segundo o qual todos podem sofrer, menos o próprio eu.

As relações interpessoais contam imensamente na forma mais solidária ou mais individualista com a qual possamos transpor as negatividades e positividades desse fascinante exercício, que é o de existirmos. Será sempre muito bom que consideremos a vida uma vasta oportunidade de aprendizagem e crescimento íntimo, pois uma coisa é apenas "passar pela vida" e muito outra é lograr fazermos nossa jornada vivendo o que podemos ler na lápide do túmulo do grande poeta norte-americano Robert Frost: "Aqui jaz um homem que teve um caso de amor com a vida".

Nos capítulos seguintes deste livro buscaremos fazer um caminho, ao mesmo tempo, realista e sem abrirmos mão da riqueza do pensamento utópico. Apressadamente, um ou outro dirá quase mal humoradamente: "Mas, utopismo? Que coisa arriscada!" Mas conheçamos primeiro e devidamente o "princípio esperança" de Ernst Bloch, ou as "esperanças sensatas" de um Paolo Rossi. Afinal, viver é arriscado. Atravessar uma rua pode sê-lo também. Tanta coisa impõe riscos, e nem por isso vamos – sem mais – desistir de nossa jornada existencial.

O leitor verá que em nenhum momento este autor pretenderá "professoralmente" ensinar-lhe nada. Tanto quanto constatará neste livro apenas o desejo de partilhar reflexões, as quais, encerrada a leitura e sendo desejo do que lê, esquecê-las. Só não será positivo ser-se levado como uma folha caída de árvore em um riacho, a natureza com belos sons e a folha muda e morta, que possa vir a ser não mais do que cisco de beira de rio. Crescermos no trajeto da vida não aceita qualquer indiferença ou ingratidão. O caminho de cada um é de cada um, mas duvidamos que alguém esteja "a passeio" neste vasto mundo.

Para primeira informação sinóptica, registramos o capítulo I com texto que se preocupa em comentar a eventual aspereza dos caminhos que revelam verdades existenciais. O capítulo II focaliza os aspectos negativos da realidade midiática em nossa cultura; sem dúvida, muitas vezes há realidades comunicacionais importantes, as quais nos fazem devedores da chamada "liberdade de imprensa". No entanto, não são poucas as faces ideológica e factualmente irresponsáveis de nossos meios de comunicação de massas.

Já o capítulo III busca convocar as mentes abertas às reflexões que o tempo atual faz necessárias. Nesta parte, procuraremos retomar o que é filosoficamente conhecido como "pensamento utópico", com sua grande capacidade de abrir-nos ao tema do sentido de nossas existências. O seguinte capítulo (IV) é histórico-filosófico, trabalhando o conceito de "esperança dialética" e, por necessidade, voltando a discutir o que é viver-se *com sentido*.

O capítulo V, e último, utiliza em seu título e em seu conteúdo a expressão de Ernesto Sábato "Esperança demencial" –

e assim mesmo necessária –, considerando – juntamente com Ernst Bloch, Rubem Alves e Paolo Rossi: uma excelente teimosia para os momentos de quase desesperação.

Assim, com muita reverência ao poeta britânico Rudyard Kipling, quisemos fazer bela conclusão geral do presente livro com seu histórico e imortal poema (de 1910) intitulado *Se* [*If*].

Este autor, verão os que tiverem a amabilidade de ler o presente livro, não busca admiração, e muito menos qualquer forma de êxtase. O que o autor deseja é dialogia partilhante – uma possível camaradagem na jornada da vida.

Perante a complexidade e a dinâmica do tecido sociocultural, esforça-se a filosofia por obter elementos para desenvolver atentas reflexões que sejam esclarecimentos e alertas sobre as relações homem/mundo humano. Ora, alguém há de pensar que, de tal esforço, podem resultar reflexões muito difíceis.

Não há dúvida de que a proposta da filosofia social seja meandrosa e desafiante. Mas isto não deve ser razão para a produção de textos intrincados ou quase enigmáticos. Este autor sempre esteve convencido de que é perfeitamente possível produzir filosofia sem dar nós nas ideias e sem desgastar os leitores. A translucidez é sempre ideal.

Afinal, a erudição deve permanecer *meio*, e nunca *fim* ou exibicionismo. De modo que, não se espere deste autor complicadas exposições; serão análises honestamente simples.

Eis o preâmbulo que o autor se sentiu na necessidade e no gosto de produzir. Como as palavras de Rubem Alves: “Esperança é ouvirmos a música do futuro. Fé, é dançá-la”.

Os caminhos históricos, quanto à jornada civilizacional, não são retos e planos. Há íngremes subidas, descidas a serem cumpridas com todo cuidado e alguns planos e retas. Nesta variação está um dos fascínios no apreciarmos a caminhada humana.

I

Áspero caminho das verdades

De tão verdadeiro, nada é mais desagradável do que refletirmos sobre esta nossa época de dificuldades e vazio. Todavia, se é enjoado analisarmos a extensão dos esvaziamentos humanos atuais, é principalmente desrespeitoso e até mesmo ofensivo fingirmos a inexistência de tal extensão. Não podemos ser fantasistas e irresponsáveis; temos que enfrentar o impacto das atuais negatividades, imaginando que este é o caminho único para irmos em busca de novas luzes e esperanças.

Afinal, vivemos – e já há algum tempo! – uma motivação indutivista, que nos empurra a pensar assim: tudo isto que não vem bem, continuará mal ou mesmo tenderá a piorar. Algo como se nos fosse possível dominar o passado histórico dos seres humanos de milhares de anos; também como se analisássemos com real profundidade nosso atual momento, e desconhecêssemos que, acerca do futuro, pudéssemos pautar-nos por futurições probabilísticas. Na verdade, não valerá a pena esquecermo-nos da afirmação de Chesterton segundo a qual o *imprevisto* é uma das leis fundamentais da história.

Como justificaríamos pormos inteiramente de parte e à sombra figuras como Paulo Freire, Ernst Bloch e Paolo Rossi (os dois últimos, um alemão e um italiano, que experienciaram a Segunda Grande Guerra) – figuras que marcaram fundo a contemporaneidade e que nos lembravam a cada passo que o mundo não *é*; ele *está sendo*. Advertiam-nos também que já tentamos muito variadas alternativas de melhorar nosso mundo, mas que, com absoluta certeza, não tentamos *todas*. Bloch afirmava que o futuro está prenhe de possíveis concretos que ainda não nos dispusemos a buscar, e buscar empenhadamente. Sobre tais pensamentos haveremos de discorrer de forma detida mais à frente.

No presente capítulo introdutório talvez este autor possa garantir, aos que tiverem a amabilidade de ler estas páginas, que nem todos os momentos desta reflexão serão agradáveis; mas também pode, este autor, garantir que em todos os momentos o leitor encontrará uma sinceridade responsável. Nada de intentos da chamada "autoajuda", mas tão só partilha de percepções e ideias. Embora tendo estado por quarenta anos no interior de Universidades, não pretendo subir em "saltos acadêmicos" para, com serenidade, combater tanto otimismos ingênuos quanto elegantes delírios apocalípticos.

Não será este um texto egocêntrico que busca impor um modo particular de ver as coisas, ao estilo de que "quem não pensa como eu está necessariamente equivocado"; por esta razão este autor trará para diálogo um grupo diversificado de boas companhias – figuras que não viveram e pensaram em vão – em razão de que, é em dialogia direta ou menos direta que a liberdade de pensar passa a ser estímulo e plantio de variadas sementes de reflexão. Aqui haverá certo diálogo – cada vez mais raro na aspereza deste nosso tempo – entre as concretas razões do sofrimento coletivo atual e horizontes esperançosos, estes últimos cruelmente escondidos pelos nossos *meios de comunicação de massas* (mídias).

Eu disse já que as presentes reflexões se afastarão tanto de otimismos ingênuos quanto de rompantes apocalípticos. Esta proposta faz-nos lembrar, de pronto, o formidável Millôr Fernandes em episódio ocorrido na PUC de Campinas (SP), na pior fase da ditadura militar – a do presidente Médici. Millôr fazia uma conferência, e quando pela terceira vez usou a expressão "otimismo ingênuo", um jovem estudante de fisionomia fechada interrompeu o conferencista perguntando-lhe: "O que o senhor entende por otimismo ingênuo?"

Não precisava mais para atiçar a chama humorística do Millôr. Com aparente serenidade, o interpelado disse: "recorramos, para responder à sua pergunta, a um episódio imaginário. Em um prédio de apartamentos, na sacada do 6º andar, estava um casal de idosos; alguém se atirou do 14º andar e, quando passou pelo casal, os velhinhos ouviram-no dizer: até aqui TUDO BEM. Deu para você sacar o que seja otimismo ingênuo?" Desnecessário dizer que uns seis minutos de gargalhadas provocaram uma pausa na conferência. Afinal, com sua verve humorística, Millôr exemplificava com um otimismo enlouquecido, em razão de que os otimismos ingênuos sempre foram meio amalucados.

Pois os que usam elegâncias niilistas e apocalípticas são calculistas e encenadores, sendo, no agudo dizer do filósofo Paolo Rossi, criaturas que buscam parecer otimistas mais bem informados – de tanto que gostam de citações e estatísticas.

Seres humanos são seres humanos, e assim devem ser aceitos. De todo modo, as presentes páginas buscarão é fazer uma jornada que não dê lugar a tais posições exageradas. Tomara que esse desiderato seja alcançado! Tomara!

1 O ser humano e sua habitação

Muitas vezes somos como sombras projetadas pelo sol, nem sequer atentos à luz e às cores. Não sombras inertes, como de algum pilar; figuras que se desenham no chão, lápides às vezes, mas sem fazerem perguntas de vida que são essenciais.

Um dia erguemos mais as vistas e, deslumbrados de súbito, buscamos saber onde de fato habitamos. Um susto nos toma o ser, no pensarmos habitar a imensidão do universo infinito. Na verdade, o termo *infinito* nunca fez sentido para as nossas ideias restritas, mas é termo que sempre nos fez mágica companhia, pois que a palavra em questão parece ter sido encontrada – que incrível! – nas primeiras escritas humanas de há muitos mil anos.

As viagens, tripuladas ou não, que vêm rasgando o espaço sideral, estimam em aproximadamente 200 bilhões de galáxias (o que é *apenas* estimativa!), muitíssimas delas com bilhões de sóis enamorados de seus planetas. Deus! Quanto tempo ficamos sem que sequer pensássemos nesta nossa morada dita, por Galileu Galilei, infinita. E o notável Blaise Pascal, ora mais matemático ou bem mais filósofo, no século XVII escreveu: "O silêncio desses espaços infinitos me apavora". Não o apavorava de pavor, mas de deslumbramento – marca constante e maravilhosa daquele jovem que morreu jovem.

Você, caro leitor, já pensou que nossa Via Láctea – uma galáxia mediana – para ser atravessada de uma borda à outra, na velocidade da luz (300.000 km/s), exigiria um tempo de 100 anos aproximadamente? Pois você e eu vivemos em um minúsculo planeta, quase um grão de poeira cósmica, que se situa na periferia da periferia da Via Láctea – nossa fascinante Terra. Pois é; este é o nosso orbe, nossa mais imediata morada cósmica.

Na Terra fazemos parte de algo extremamente complexo chamado humanidade; complexo sim, porque formado de milhares de milhares de culturas e concentrações civilizacionais. Sem dúvida tudo isto é fascinante e, ao mesmo tempo, aterrador.

E não é tudo, na verdade. Habitamos lares e famílias, outras comunidades maiores de relações, núcleos de trabalho e de estudos e, vem agora o mais fantástico, *habitamo-nos* – moramos em nossas consciências e inconsciências. Como haveremos de considerar tudo isso com infantil superficialidade? Todavia, também não será bom nos metermos em arrogâncias científico-filosóficas, destas que inevitavelmente levam qualquer parceiro de reflexão a um cansaço sempre improdutivo. Busquemos, então, uma seriedade serenamente translúcida. É perfeitamente possível ser-se sério e responsável sem que se seja aborrecido.

O escritor argentino Manuel Puig, em sua última entrevista – pois que faleceu subitamente em uma cirurgia –, disse sabiamente: "Os autores têm muitos direitos; menos o de cacetear os leitores".

Consideremos alguns pontos.

Principalmente do século XVIII para cá, temos assistido a estupendos avanços tecnocientíficos. Da segunda metade do século XIX a este ousado século XXI, deram-se severas alterações paradigmáticas nas ciências, de par com surpreendentes inovações tecnológicas, estas últimas imensamente acentuadas por veios cibernéticos e seguidos êxitos de automação. Na primeira revolução tecnológica, aproximadamente de 1750 a 1850, em certa medida em par com a Revolução Industrial, foi sendo aprimorada propriamente a *automatização*, com crescente substituição da força física humana por formas novas de energia, mas com máquinas que ainda funcionavam em baixa velocidade que dividia as qualidades mecânicas com o trabalho humano; por exemplo: teares em maior parte movidos por energias ao tempo novas, mas habilidosamente trabalhados (ou conduzidos) por mãos humanas.

Isso significava já importante avanço. No entanto, é dado histórico chocante que o século XIX terá sido impiedoso período de exploração da força humana de trabalho, sobretudo entre crianças e mulheres cujo empenho de trabalhar ficava mais (bem mais!) em conta. Tal realidade levava homens, pais de família, saudáveis e fortes, ao desemprego e à penúria.

Até que, entrado já o século XX, chega-se à *automação*. Um salto eletrônico que iria pôr máquinas computadoras e outras a funcionarem em velocidades até então impensáveis – velocidades que excluíam uma participação mais direta dos trabalhadores, para tanto não preparados. Resumindo:

hoje (início do séc. XXI) há pessoas que carregam em seu bolso elementos de minicomputador em telefones móveis (os celulares). Como se pode ver, os avanços tecnológicos têm sido incrivelmente rápidos; e a tecnologia conjugada com o galope científico tem levado a possibilidades sequer pensáveis até a primeira metade do século XIX – o qual já fora dito "cientificista".

Tudo isso seria puro encanto se não fizéssemos as perguntas humanas necessárias. Por exemplo, perguntarmos: os progressos na qualidade humana têm-nos preparado para tantos avanços tecnocientíficos? O psicanalista e pensador social Erich Fromm repete em algumas de suas obras que o homem contemporâneo continua adolescente e imaturo e, com o consumismo, ameaçado mesmo de mais aguda infantilização. Outros alertam-nos para os perigos de um mundo de gigantes tecnológicos em meio a pigmeus morais.

Pois cá estamos, em boa parte dominados pela sociedade de consumo e seus valores humanos visivelmente equivocados. É a sociedade na qual, já se disse, as coisas valem cada vez mais, e as pessoas cada vez menos. Os humanos têm sido avaliados por quanto podem consumir e, eventualmente, exibir. O que faremos, neste contexto, para que venhamos a equilibrar gloriosos progressos tecnocientíficos com crescimentos de alma dos seres humanos, até hoje acachapados pela indiferença das classes dirigentes que se negam a abrir os olhos ante o sofrimento dos desdotados?

Algo temos que dispor-nos a fazer em benefício de nosso futuro e no de nossos descendentes. Nunca é hora de desistirmos, pois a desistência, que nos leva à inércia, há de levar-nos à beira do abismo civilizacional. Ora, se, como dizem notáveis analistas, o mundo não *é*, apenas *está sendo*, isto nos aponta e conclama a muitíssimo mais o que fazer. E os possíveis concretos ainda não buscados dão-nos, não otimismos, mas esperanças fortemente intuídas.

Em particular conversa com o saudoso filósofo Rubem Alves, este disse ao presente autor que não cultivava otimismos, pois é-se otimista por razões objetivas; é-se otimista pelas razões a, b ou c. Mas esperança, sim, é algo que se tem pela forte intuição de que, presentemente, está tudo muito inconcluso. Belíssima frase do filósofo aqui em foco encontramos em seu muito bom livro intitulado *Tomorrow's Child*, porque por primeiro publicado pela Harper & Row, nos Estados Unidos. Escreveu Rubem: "Esperança é ouvir a música do futuro; fé, é dançá-la" (p. 195). Se formos – e nisto não creio – esmagados, mas na vigorosa consciência de que nos dispusemos a uma atitude pró-vida, seremos o "caniço pensante" de que falava Pascal, como sendo a coisa mais rica do universo.

As reformas educacionais bem-intencionadas e conduzidas, as que se libertarem dos pragmatismos produtivistas e consumistas e que, superarem meros ensinos utilitários, dedicando-se a apurar a alma dos educandos – estas terão grande papel.

Toda esta complexidade, que assusta a muitos e a outros desencanta, é sim o nosso momento histórico neste início do século XXI. Mas melhor faremos não nos esquecendo das palavras bíblicas do Rei Davi, quando este afirma que mil anos são, para Deus, como um dia.

Todavia, ainda não comentamos dificuldades advindas de toscos orgulhos humanos. Vejamos isto.

2 Arrogância acima da essência do existir

O próprio termo "arrogância" tipifica aqueles humanos que, em razão de fortuna ou de supervalorizações sociais, arrogam-se o direito de, considerando-se superiores, disporem de vidas alheias ou tratá-las mal. As chamadas classes dirigentes (ou classes dominantes de um país ou região) arrogam-se tais direitos até mesmo no âmbito da própria família, como será exemplificado mais adiante.

Ora, a arrogância não é algo simples, de vez que aqueles que o antropólogo Darcy Ribeiro denominou membros do "patriciado" (arcebispos, generais, desembargadores e outros), em razão de suas posições perdem de vista o serem *servidores* da cidadania e muitas vezes alimentam preconceitos que os levam a evitar convívio ou qualquer consideração para com pessoas de estratos sociais de "menor importância".

Costuma-se dizer algo que não nos parece irrelevante, especialmente em âmbitos espiritualistas mas de vida social aberta – como foi o caso de um Gandhi –, que, se é muito sofrido ser-se pobre, é muito arriscado conduzir-se como rico de posses, dinheiro ou destaque social. Se os primeiros enfrentam as lâminas da penúria, os segundos em muitos casos se parecem com seres enceguecidos que caem em todas as armadilhas postas pela riqueza material. Obviamente, a pobreza não mostra aos desdotados uma boa ou bela paisagem de vida; todavia, há pessoas muito ricas que, ao se finarem, dão impressão de seres que atravessaram todo o tempo um nevoeiro que, ao fim, não os levou a nenhum lugar em termos de crescimento espiritual.

O existir humano é um labirinto, sofrido por muitos e, por outros tantos, vivido como estranho entretenimento; e a arrogância é um labirinto, às vezes ornamentado, dentro do labirinto vital. Eis por que será produtivo debruçarmo-nos sobre notas de célebre sociólogo acerca do que foi ocasionado pela arrogância de duas famílias ricas dos Estados Unidos da América. Vejamos.

Tais famílias eram de lugares diferentes desse país e habitavam, ambas, imponentes mansões. Pois cada uma dessas famílias teve uma filha jovem e solteira engravidada, em tempos mais moralistas. Lemos isto em *Nota final sobre um caso de isolamento extremo*, texto dado a público em 1947 pelo cientista social Kingsley Davis, o qual nos põe ante sério atentado cometido contra quatro criaturas humanas. As referidas famílias, autoconsideradas como exemplares, mantiveram as filhas literalmente encarceradas nos sótãos das respectivas mansões, durante todo o período de gestação dos bebês Anna e Isabelle. Famílias muito ricas e que se tinham em conta de clãs tradicionais. Em meu livro intitulado *Filosofia do diálogo* (2011), analisando o que ora comento, escrevi:

> Numa tentativa pífia de esconderem os fatos que as envergonhavam, ambas as famílias mobiliaram os sótãos de suas mansões e nestes aprisionaram as jovens grávidas para que, antes de maiores falatórios, sumissem das vistas da sociedade (p. 25).

A grávida que viria a ser mamãe da menina Anna – grávida que se negara ao abortamento – era moça cheia de vitalidade e vivacidade e que não tinha quaisquer falhas constitutivas.

Já a outra grávida, que veio a ser mãe do bebê Isabelle, tinha absoluto défice auditivo, sendo, consequentemente, também muda.

Nasceram as crianças, ao seu tempo. Ocorre que lhes impuseram sortes diferentes. Uma vez recuperada, a mãe de Anna foi libertada do sótão, a fim de que, tão logo quanto possível, voltasse ao mundo social, quando muito alegando alguma viagem prolongada ao exterior. Esta mãe se sentia muito revoltada por ser proibida de sequer ver a filhinha, a qual era tratada por criados e criadas da família, que eram proibidos de qualquer manifestação afetiva ante a bebê. No meu livro citado anotei: "Tais criados exerciam uma função talvez bem pior que a de tratadores de animais" (MORAIS, 2011, p. 25).

Já por algum acintoso descaso de sua família, a mãe de Isabelle foi como que "esquecida" por bom tempo no sótão com sua filhinha. Embora surda e muda, era muito carinhosa com a bebê, que recebia da mãe carícias, tratos constantes, tendo-se desenvolvido uma espécie de "linguagem" entre elas. As famílias, tendo sido denunciadas, foram abordadas policialmente, suas atitudes tendo ido para instâncias judiciais. Uma vez mais exponho texto do já referido livro meu:

> Anna, que desde o nascimento viveu em isolamento absoluto, passara a sofrer de um retardo mental e de saúde instável, não tendo logrado sobreviver à sua entrada no meio humano por mais de quatro anos, que significaram meses e meses de tratamento intenso. De maneira diferente, Isabelle,

> cuidada como fora possível por sua mãe surda e muda, alcançou desenvolvimento quase normal, ficando adulta e realizando estudos de importância (MORAIS, 2011, p. 26).

Eis uma relação tristemente objetal das famílias com suas filhas e netas. A pose social valendo muito mais do que as vidas humanas indefesas, mostrando do que é capaz a arrogância quando cultivada acima da essência do existir humano. As famílias se arrogaram o direito de infelicitar filhas e, até matar uma das netas, para proteção da imaginária grandeza social de tais clãs.

De propósito, tomo um drama da década de 1940, a fim de pôr a pensar sobre as décadas seguintes numa sociedade em que os abortos são livremente permitidos. Tudo sujeito ao pragmatismo arrogante de um suposto bem-estar, pessoal ou familiar, cujas dores íntimas muitas vezes ficam por vida inteira – pessoal ou coletivamente.

Ora, o mundo não tem que ser assim, desde que se lute empenhadamente para que ele se torne melhor. Embora seja espinhosa tarefa, o que quero é procurar mostrar que a tarefa é difícil, mas não IMPOSSÍVEL.

3 Eclipsadas as esperanças?

Cabe aqui voltarmos à afirmação de Gilbert Chesterton, segundo a qual o imprevisto é uma das leis mais fundamentais da história. Afirmação que suscitou no filósofo francês contemporâneo Patrick Viveret uma ponderação semelhante nos seguintes termos:

> É importante ter sempre em mente que, mesmo quando os elementos de probabilidade apontam na direção da catástrofe, o improvável também pode sobrevir (VIVERET & MORIN, 2013, p. 32).

Este último pensador lembra-nos que no dia 20 de janeiro de 2009, acontecia improvável posse de um presidente negro nos Estados Unidos (Barack Obama). Observa também que, em 1942, era convicção geral de que o Eixo (Alemanha, Japão e Itália) ganharia a Segunda Grande Guerra, tendo-se dado o exato contrário ao fim. Todos os de alguma idade nos lembramos que, em 1985, nenhum cientista político podia prever o desmoronamento do império soviético, provocado, basicamente, por um homem chamado Gorbachev. Se fizermos mais exaustivo estudo da história, constataremos muitos outros acontecimentos de monta que antes eram tidos como inteiramente improváveis. Muitas vezes os analistas de mente mais indutivista têm-se estatelado no improvável.

Em sua segunda metade, o século XX desenvolveu um verdadeiro "surto apocalíptico" de parte de escritores e cientistas que trouxeram muitos temores e angústias ao mundo. Na verdade, o termo "apocalíptico", como vimos já, não significa texto focalizado em destrutividades de "fim dos tempos". Significa um livro de revelações que, embora intrincadas e pesadas, são também promissoras; mas é palavra que, por extensão, já passou a mencionar puro catastrofismo.

Paolo Rossi, em sua bela obra *Esperanças* (2013, p. 20), escreve sobre o surto acima citado:

> (Jornais, livros, sermões televisivos) repletos há muitas décadas de previsões catastróficas, de anúncios do Apocalipse, de discursos sobre o fim iminente, de sermões que tratam do fim de toda forma de vida e de civilização, do desaparecimento de toda e qualquer possível, mesmo tênue e pálida esperança (ROSSI, 2013, p. 20).

Rossi cita, apenas na Itália de 1990 em diante, os livros intitulados *Catástrofes* [*Catastrofi*], *O princípio desespero* [*Il principio disperazione*], *À beira do abismo* [*Sull'orlo dell'abisso*], *Progresso e catástrofe* [*Progresso e catastrofe*], *Novos riscos, antigos temores* [*Nuovi rischi, vecchie paure*] e *Os novos medos* [*Le nuove paure*]. Observa Rossi que parte de tais livros foi deixada de lado, e outra parte deles – ao ser relida agora – se assemelha hoje a textos humorísticos.

Lembra o mesmo autor que em 1972 foi escrito, por contratação do chamado Clube de Roma, pelo Massachussets Institute of Technology, imponente e apavorante relatório, assinado por ilustres cientistas e brilhantes tecnólogos, pleno de páginas de tabelas, estatísticas e gráficos, teorização sobre "modelo" etc. Tal relatório, que apavorou o mundo de então, informava (Deus! Lembro-me que muito sofri então...):

> [...] que o petróleo iria se exaurir em 1992, o mercúrio e a prata em 1985, o estanho em 1987, o zinco em 1990, o metano em 1994, o alumínio em 2003. Em 1993 teríamos já esgotado o cobre e o chumbo e ainda há mais tempo o ouro e o mercúrio (ROSSI, 2013, p. 23).

Deu-se generalizada ansiedade, medo mesmo, pois o grande público não pôde perceber os tantíssimos equívocos postos pelos ilustres cientistas no citado relatório. E tudo isso fazia parte do "surto apocalíptico", o qual reuniu significativa quantidade de falsos profetas. Criticando figuras extraordinárias como Ernst Bloch, Paulo Freire e outros, esses escritores e cientistas (?) praticamente declaravam eclipsadas todas as nossas esperanças. Poderia ser o soar das trombetas do "fim dos tempos".

Desnecessário dizer que até hoje (2017) estamos esperando tantos vaticínios se concretizarem. No mesmo surto vinha Alvin Toffler com a chocante (e muito bem escrita) obra intitulada *O choque do futuro*; afinal, como determina a Lei de Murphy: "sempre pode piorar".

Ainda hoje – e com certa razão psicológica, pois vivemos crítico momento histórico com seus cansaços e desencantos –, há muitíssimos adeptos da ideia de que nosso mundo foi criado por um ser incompetente e, assim, eis-nos novamente à beira do abismo. Será mesmo? Penso ter faltado, e mesmo a pessoas de apreciável condição intelectual, atentarem para a diferença entre fatos *consumados* e fatos *em processo*. Tivemos, principalmente ao longo do século recém-findo, fatos que esgotaram seus limites e que, até neste princípio de século XXI, são perfeitamente motivos de desencanto e apreensão. No século XX seus conflitos armados, com natural destaque para as guerras mundiais, os tantos genocídios que marcaram o século em foco, a trajetória assustadora do primeiro segmento da Guerra Fria (com clímax em 1969), e o desenvolvimento dessa coisa lamentável chamada sociedade de consumo, entre outros podem ser exemplos bastante fortes.

Exceto o consumismo que permanece, os demais são fatos *consumados* que, tendo existido e esgotado seus horrores, não poderemos fazer que deixem de ter existido.

Todavia, o global da realidade mundial está crivado de fatos *em processo* sujeitos a imprevistos e correção de rota, em benefício da humanidade. É exatamente o que, como vimos atrás, tem levado importantes filósofos sociais e outros pensadores a advertirem que o mundo não *é*, ele *está sendo*. Nosso filósofo (e poeta) Rubem Alves, em belo capítulo seu intitulado "As sementes do futuro: a comunidade de esperança" (1972, p. 194), escreve com sua habitual agudeza e precisão:

> O que é esperança?
> É o *pressentimento* de que a *imaginação é mais real* e a realidade menos real do que parece. É a *intuição* de que a esmagadora brutalidade dos fatos que oprimem e reprimem não é a última palavra. É a *suspeita* de que a Realidade é muito mais complexa do que o realismo quer que acreditemos; que as fronteiras do possível não sejam determinadas pelos limites do atual, e que a vida esteja preparando um caminho milagroso e inesperado de evento criativo que irá abrir o caminho da liberdade e da ressurreição (trad. livre).

Nosso sempre admirado Paulo Freire dizia, em algumas de suas obras que uma característica fundamental do mundo e da humanidade é o seu *inacabamento*. Dizia mais Freire que o que vivemos, com alegria ou com sofrimento, ensina-nos; por isso, o presente há, de alguma ou algumas formas, ensinar-nos quanto ao futuro. O que precisamos é ter consciência do valor de cada momento, de cada dia.

Observe-se o cuidado de Rubem Alves no texto acima sobre esperança, exprimindo-se com termos como "pressentimento", "intuição" e outros, nunca no trecho citado usando de poses de falso profeta. Na mesma obra (1972, p. 196), Alves brinda-nos com a seguinte metáfora:

> Nós aplicamos o estetoscópio no ventre do nosso momento histórico na esperança de que ouviremos o bater do coração de uma criança, e nada ouvimos. Isto não significa necessariamente que não há evento criativo em processo, mas pode ser que algo esteja errado com nosso estetoscópio.

Sem dúvida, em larga medida temos vivido o pior, e isto nos tem enredado em grandes dificuldades de que o nosso pensar parta do melhor. Não há por que, candidamente, fugirmos de encarar as muitas vicissitudes pelas quais temos passado; da mesma forma não há por que, metidos em um indutivismo neurótico e maníaco, ignorar os muitos possíveis concretos que *ainda não* buscamos de fato.

Ideias conclusivas

Repitamos então: nenhuma hora é hora de desistir. Sem qualquer dúvida enfrentamos forte crise. Mas a palavra original *krisis* refere-se, mais propriamente, a algo como "momento pré-medical"; quando as dificuldades de um mundo como que enfermo nos envolvem e nos vem a pergunta: "E agora? De que remédios podemos lançar mão?" O filósofo alemão Heidegger costumava dizer que, embora às vezes não se perceba, é nas crises que o pensamento se agiganta. E as fases críticas ensinam-nos muito, primeiro porque elas nos fazem ver de pleno as nossas fragilidades, e depois porque desafiam-nos, provocam-nos a que superemos nossas vicissitudes. Como, em outras palavras afirmava Pascal que quem vive gostosamente mergulhado apenas em entretenimentos (*divertissement*), engana a si mesmo e mente aos compromissos sociais que tenha.

Ora, só o que é imperfeito – e às vezes muito imperfeito – precisa de aperfeiçoamento. Nem teríamos como aperfeiçoar o que é perfeito. As socioculturas do nosso mundo estão muitíssimo distantes de qualquer perfeição, pois que nosso tempo é, sem dúvida, marcado por tantíssimos equívocos, desvios éticos e violências – não temos como negar as duras realidades do mundo atual; nem, tão pouco podemos idealizar seu passado como se este pudesse estar isento de muitos males. É preciso que aprendamos a lidar com sombras e luzes, em razão de que, em uma análise equilibrada do terrível século XX encontramos uma gama de elementos sombrios convivendo com êxitos luminosos. Guerras, genocídios e tensões sim, mas, simultaneamente, uma estupenda revolução tecnocientífica contemporânea.

O que deve polarizar nosso existir: as sombras ou as luzes? Na verdade, cumpre-nos aprender com ambas e viajarmos a caminho de novas luzes. Nem negaremos os desacertos civilizacionais havidos, nem nos disporemos a pensar que nosso futuro inevitavelmente repetirá – de modo pior – o passado que tivemos. Nem fecharemos os olhos para os sofrimentos deste presente, nem seremos irresponsáveis quanto aos possíveis concretos dos quais o futuro é rico, mas *ainda não* os buscamos.

Por motivos como estes é que desejo para o presente texto que principio a elaborar, caminhar ao mesmo tempo com realismo analítico e utopismo de planejamento. Com inteira consciência de que terei jornadas difíceis pela frente, tanto em análises quanto em planejamento, é que piso firme em minhas muitas décadas de experiências e estudos, sem qualquer pretensão de que acertarei necessariamente, mas com muita certeza de que buscarei acertar. Embora não me sinta merecedor do nome "justo", inspira-me a passagem das Escrituras que diz: "Mas a vereda do justo é como a luz da aurora, que vai brilhando mais e mais, até ser dia perfeito" (Pr 4,18).

II

O drama sociocultural da mídia

Neste capítulo ainda serão analisadas dificuldades pelas quais passa o tempo atual – apenas por enquanto, todavia. Ocorre que, não em todos os países, mas em grande número destes, para compreendermos a contemporaneidade faz-se necessário debruçarmo-nos sobre os *mass media* (meios de comunicação de massa, MCM) e, da forma mais aguda que nos for possível, estudarmos seus efeitos socioculturais. Afinal, não é a mídia a grande voz da sociedade de consumo?

Periódicos impressos tiveram diferentes fases, ora mais circunspectas e com espaços para ciência, literatura etc., até chegarem à fase atual bem mais sensacionalista especialmente em política; note-se, porém, que em todas as suas fases diferentes jornais e revistas abraçaram orientações ideológicas diversas e, às vezes, confrontantes. Já o cinema sempre teve, tão logo mais aperfeiçoado, uma vertente maior de puro entretenimento e outra de filmes excelentes e voltados para questões existenciais sérias; também a cinematografia tem forte efeito sobre seus públicos, ora efeitos positivos, ora apenas voltados para resultados de bilheteria.

A radiodifusão, numa olhada geral, teve época de grande importância cultural, até desaguar em algo histriônico, dispensável e banalizado em grande medida. Até que – no caso deste nosso Brasil, a partir de 1950 – estreou a televisão, uma novidade muito interessante mas que caminhou um tanto lentamente, só ganhando força nos governos da ditadura militar posterior ao ano de 1964, consta que por orientação de agências políticas norte-americanas. De todo modo, como veremos adiante (neste cap.) a mídia televisiva fez-se no mais poderoso – às vezes até devastador! – poder midiático, como soberbo aparelho da sociedade consumista.

Então, os avanços tecnológicos trouxeram ótimos resultados (mas que podem ser enlouquecedores!) mediante internet, digitalização e multimídia. O presente capítulo, semelhante ao que este autor fez em seu livro *TV e educação: entre o caos e o horizonte* (2009), objetiva – considerando a mídia como um todo – concentrar-se na relação entre mídia televisiva e consumismo, daí derivando delicada análise acerca de desequilíbrios e desvirtuamentos constatáveis no vácuo existencial de valores que se configura em verdadeiro drama nas socioculturas atuais.

Todos os recursos de mídia têm por objetivo influenciar, condicionar mentes, ao feitio de doutrinadores leigos. Mas não é sensato fazer-se apenas essas referências críticas; há que determo-nos em aspectos que haverão de demonstrar, tão detalhadamente quanto possível, as dinâmicas, em vários países responsáveis, para com a formação de seres humanos menos manipulados dos que os que temos nos tempos atuais.

Não é o caso de se ignorar o fabuloso potencial formador, em sentido positivo, das mídias; mas é, sim, o caso de as estudarmos no que estas podem ter de sombrio – umas "sombras com caras risonhas" – desde que feitas em guerras ideológicas e comerciais, bem como o que as mídias retêm em sua potencialidade de bons efeitos formadores, com vistas a um mundo muito menos cruel do que vem sendo o nosso.

1 Consumo, consumismo e sociedades produtivistas e consumistas

Na verdade consumo e consumismo não são termos sinônimos. Ao que se verifica, desde que seres humanos passaram a existir na Terra, foram seres basicamente de consumo em benefício de sua própria sobrevivência. Sempre foi necessário consumir-se vegetais, carnes de outros animais e o que mais os humanos pudessem encontrar, à semelhança dos irracionais. Já consumismo é substantivo diverso, cuja terminação *ismo* aponta para específicos comportamentos humanos mais ansiosos; *ismo* carrega sentido, digamos pejorativo. Por exemplo: a Psicologia é uma muito importante ciência, ao passo que denomina-se *psicologismo* desavisadas atitudes e hábitos muito críticos e dados a certa rotulação fácil de outras pessoas, como temos considerado.

Eis por que é mais cuidadoso (e correto) falarmos de sociedades "produtivistas e consumistas", sendo que, por uma vontade mais coloquial, tais expressões foram facilitadas e resumidas para "sociedades de consumo". Tal ponderação não é desnecessária, pois como poderiam existir viventes irracionais e mesmo algumas plantas que pudessem viver sem consumir nada? Porém, irracionais e eventuais plantas não são consumistas e nem têm intenções produtivistas, são realidades consumidoras. O ser humano sim; este, por milênios foi consumidor e, mais recentemente tornou-se produtivista e consumista.

Numa concessão coloquialesca, podemos no entanto usar a expressão "sociedade de consumo". Nosso idioma é complexo e sutil, permitindo-se elasticidades bastante curiosas. Que o utilizemos tal como é, sem maiores exigências e poses para foto, desde que tenhamos feito básicos discernimentos.

Tenho, em outros escritos, lembrado que Dom Pedro Casaldáliga, poeta espanhol que é bispo hoje jubilado, em rápidas palavras abriu-nos autêntico cenário ao destacar, aqui repetindo, em uma de suas falas, que sociedade de consumo é propriamente aquela na qual "as coisas valem cada vez mais, e as pessoas cada vez menos". Também o sociólogo e jornalista norte-americano Benjamin R. Barber (*Consumido,* 2009) defende o ponto de vista segundo o qual a sociedade de consumo impede crianças e adolescentes de ficarem adultos e, o que é pior, infantiliza adultos, prejudicando propriamente a cidadania.

A autora brasileira Luci Gati Pietrocolla, em seu livro *O que todo cidadão precisa saber sobre sociedade de consumo*, observa:

> A sociedade de consumo tem como meta fundamental produzir mercadorias, vendê-las, produzir outras, vendê-las...

> A sociedade de consumo nos aparece, pois, como um grande negócio onde todos têm algo para vender, do que não escapa sequer o mais miserável dos homens, uma vez que neste tipo de sociedade o trabalho humano foi transformado também em mercadoria. Ele vende no mercado a sua força de trabalho, a sua energia, as quais são, elas próprias, mercadorias (PIETROCOLLA, 2009, p. 13).

As qualidades intrinsecamente humanas vão sendo diluídas, ficam mais e mais rarefeitas, pois os que não logram ter posses e fortunas (pequenas ou grandes) não garantem feição humana e vagam pelo mundo como seres dispensáveis, quando não pesados à realidade comercial ou produtiva. Digamos que, em uma visão mais sucinta, tal modelo social emerge mais visivelmente da Revolução Industrial (séc. XVIII e XIX) e ganha importância e poder imensos sobretudo após o final da Segunda Grande Guerra, praticamente impondo-se hoje às personalidades mais complacentes (que, é óbvio, são imensamente mais numerosas). Eis o que anota John Francis Kavanaugh (1984):

> "O Conto Americano de Fadas", dizia Treffert, "começa com dois tópicos, a saber: mais posses significa mais felicidade e aquele que realiza ou produz mais, é mais importante" (p. 50).

Prossegue adiante Kavanaugh:

> A singularidade própria de uma forma humana de ser, as qualidades inimitáveis de

> uma pessoa em sua maneira de conhecer e de amar, de relacionar-se com a vida de um modo que jamais será duplicado por outra pessoa e muito menos ainda por uma coisa – *todas estas características humanas desaparecem* inevitavelmente num universo cujas causas últimas sejam a *produtividade e a venda* [o *marketing*] (p. 51).

Na sociedade consumista são tantas as ilusões a conduzirem enganosamente as pessoas, que se estabelece grave crise de valores – crise estimulada pela voz da mídia propagandista, isto é, a voz terrivelmente influenciadora do *marketing* midiático.

Já foi registrado que nenhum tempo ou fase histórica vive sem valores, e que algo pior é envolver-se com valores (uma "axiologia") equivocados ou mesmo desnorteados. Devemos desenvolver tal ponto de vista.

Primeiramente, atentemos para valores articulados a balizas e sentimentos pobres e negativos, como, por exemplos, o individualismo e a competitividade assumida. Depois olhemos para valores simultâneos – ou aparentemente simultâneos – e contraditórios. Uma família procura ensinar aos seus filhos como se comportarem honestamente; mas, chegada a fase dos exames vestibulares ou de concorrências outras, repete a esses filhos a exigência: é preciso vencer na vida *a qualquer preço*. A qualquer preço? Mas isso é honesto?

Pensando-se, a seguir, na macrossociedade, vemos vertiginosos avanços tecnológicos, que se apresentam, em sua velocidade, como estando muito além dos desenvolvimentos morais e éticos de uma vasta comunidade humana ainda imatura, ainda adolescente. Por fim, fazem-se em geradores de crises também valores obsoletos que tonteiam e criam às vezes inércia, isto é, lógicas velhas para problemas novos. Enorme se mostra a necessidade atual de criatividade e versatilidade nos âmbitos moral e ético, mas, como vimos já, as simplificações do viver humano trazidas pelas febres de produção e consumo se revelam vitalmente inerciais.

Alguém (ou muitos alguéns) ouvirá, a esta altura, trombetas de "fim dos tempos". Sem dúvida temos dificuldades a enfrentar; mas não será devido confundirmos dificuldades com impossibilidades. Lembremos uma vez mais: nosso mundo não *é*; ele *está sendo*, e tenhamos certeza histórica de que já se viveu, nesta Terra, fases muito mais difíceis do que a atual; fases mesmo legalmente e constitucionalmente bem mais desprotegidas. Desde as primitivas hordas coletoras, passando pelas comunidades agropastoris, chegando às sociedades artesanais e, posteriormente, às manufatureiras e às maquinofatureiras, as lutas existenciais foram muitas, e muitas vezes dificílimas. Hoje combinamos a sociedade maquinofatureira com a denominada funcionarial; a primeira e a segunda os norte-americanos denominam *knowledge society*, a qual se põe a exigir mais e mais *knowledge workers*. "Sociedade do conhecimento" conclamando "trabalhadores do conhecimento" – quando os seus fatos acusam grande ineficácia das atividades educacionais em partes do mundo.

Com estas breves reflexões sobre as sociedades produtivistas e consumistas, devemos passar a analisar a grande voz do consumismo: a mídia, mostrando o drama sociocultural dos *mass media*.

2 Ante Moloque, o deus maligno

Em outro livro meu, já referido no capítulo anterior, *TV e educação: entre o caos e o horizonte* (2009), retornei aos meus antigos estudos sobre deuses da antiguidade remota, utilizando aquelas reflexões para abordar, com ilustração metafórica, o tema dos efeitos midiáticos na sociocultura contemporânea. Transcrevo aqui um trecho do citado livro que versa sobre o deus/demônio Moloque:

> Nas terras de Canaã, particularmente no vale do filho de Hinom, vidas humanas eram sacrificadas ao deus Moloque. Este era uma grande estátua oca fundida, no interior da qual acendia-se fogo de poderosas labaredas. Quando algo de sofrido acontecia, entendia-se ser necessário aplacar a ira de Moloque; pais e mães escolhiam o filho ou filha mais saudável e de singular beleza para sacrificá-lo, atirando-o à boca ígnea do ídolo. Essa pobre gente crédula oferecia as suas primícias a uma divindade destruidora que, segundo criam, agradava-se de queimar vidas humanas [...].
> A esses pais e mães sequer era permitido exibir qualquer expressão de sofrimento e tristeza, pois assim Moloque não se agradaria da oferenda (MORAIS, 2009, p. 15).

Reis (como Acaz e Manassés) e gente nobre, estes fizeram alguns de seus filhos irem para a goela incendiada do deus-maligno, entidade frontalmente contestada por Yahweh, por bocas proféticas do Levítico, do Antigo Testamento.

Opinei, na obra citada, que continuamos a assistir a um grande holocausto, sacrifício das primícias do nosso tempo, sacrifício basicamente causado pelos valores da sociedade consumista mediante seu porta-voz: a mídia, em seu geral, e em especial a mídia televisiva de muitos países menos preocupados com a formação de crianças e adolescentes e com a proteção da cidadania. Ali escrevo:

> Gerações e gerações são despejadas na boca incandescente do deus Moloque, e os pais e parte dos educadores mantêm rostos plácidos, com traços alegres de uma espécie de inconsciente conivência (MORAIS, 2009, p. 16).

Com tais palavras começo a referir-me às piores mídias, de desvairadas opções ideológicas, que, complacentemente sendo *a voz* da sociedade de consumo, têm degradado e pauperizado as almas infantojuvenis; na verdade, até mesmo adultos já infantilizados veem-se mais e mais empobrecidos como pais ou parentes de mais idade.

Referindo-me às escolas (e também aos lares), escrevi:

> Os meios de comunicação de massas – nestes destacando a mídia televisiva – têm feito com jovens saudáveis e inteligentes (grande mal), transformando-os no que vemos atualmente nas salas de aula: respeitadas as exceções sempre minoritárias, moços e moças para os quais nada é importante, nada é apreciável, nada é sério, a não ser a satisfação das suas mais imediatas necessidades de prazer (MORAIS, 2009, p. 17).

Ao que sabemos por diversas fontes de informação, não é pequeno o número de inteligências bem dotadas entre adolescentes e jovens que, ante a banalização em que têm consistido muitas mídias (sempre à frente as televisivas), bem como perante, nas escolas, um ensino pragmaticamente técnico ou barateado para não se perder matrículas, inteligências e sensibilidades de muito bom nível que se revoltam ao ponto de terminarem "anestesiadas" pela drogadicção. Com um quadro assim é que se pode ver a extensão dos males causados pelas manipulações consumistas e políticas dos *mass media*.

Por mais que quadros socioculturais como o agora trabalhado deem impressão de que dificilmente se poderá superá-los, não podemos esquecer que uma sociedade civil conscientizada e devidamente articulada é força poderosa nas transformações positivas. Sempre existirão setores muito alienados – e alienados dos seus próprios problemas –, mas estes não podem impedir o *querer*, a *vontade* real de muitos outros setores sociais conscientizados.

É de se considerar praticamente normal certos desencantos com múltiplos descaminhos que nossa época exibe; todavia há desencantos estagnantes e os há capazes de suscitar pensamentos como: "Assim como está indo não pode ser"; e os cidadãos verdadeiramente cidadãos ouvirão o governante ateniense Péricles, homem que marcou historicamente um século (430 a.C.), dizendo para todos os tempos:

> Sentimos dentro de nós uma preocupação constante não só pela nossa casa, como também pela nossa cidade. Embora estejamos voltados para ocupações diferentes,

> todos nós temos (ou precisamos ter) uma opinião própria acerca dos problemas da cidade. Todo aquele que não participa dos problemas da cidade é considerado entre nós um mau cidadão, não apenas um cidadão silencioso. Somos nós que decidimos os assuntos da cidade ou, pelo menos, sobre eles refletimos profundamente (apud MORAIS, 1991, p. 80).

Obviamente, em uma *cidade-Estado*, quando o grande imperador usa a palavra "cidade", esta equivale ao Estado ateniense.

Ora, o individualismo egoico contemplado pelas sociedades consumistas destes últimos tempos tem feito os cidadãos se esquecerem de que *cada um* de nós é responsável – à medida que lhe é devida – pelos caminhos da vida social. É muito comum pensar-se "quem sou eu, sozinho, ante essas grandes dificuldades?" Pois cada qual de nós, sozinho, configura um padrão de ética e conduta; assim, se abandonarmos toda inércia e lograrmos unir-nos em benefício comum, uma enorme força dinamizará nosso movimento para um futuro digno.

Veja-se, por exemplo, o modelo televisivo britânico que pode ser orientação para todo o mundo; as TVs e demais mídias inglesas estão submissas a três comissões – cada uma delas composta de nove cidadãos – que cuidam atentamente do respeito comunicacional à cidadania; comissões que já multaram TVs em milhões de libras. Como temos repetido, os aperfeiçoamentos são difíceis, mas nunca impossíveis.

Também se veja a chocante contradição que as mídias, e sempre especialmente a mídia televisiva, apresentam no Brasil.

As mídias impressas são tecnicamente evoluídas, no entanto, às vezes divulgando matérias irresponsáveis. Observe-se o que de desastroso foi feito com o político Ibsen Pinheiro, observando-se também extensa matéria divulgada em importante revista semanal com visível gana de se destruir a imagem pública de Madre Teresa de Calcutá; matéria, esta última, execrada por figuras nacionais grandemente respeitadas, bem como severamente criticada por órgãos internacionais de imprensa.

Pior, porém, é o contraste criado pela história da mídia televisiva, e mesmo seu momento presente no Brasil. A TV brasileira tem sido apontada como sendo, tecnologicamente, das melhores do mundo; e ideologicamente, das piores entre as mundiais. Sabe-se bem que as concessões de canais de TV neste nosso país – canais que são propriedade da cidadania! – foram feitas em elementos de barganha política. Eis por que, neste nosso país, o deus Moloque queima gerações e gerações, que se mostram cada vez mais esvaziadas e, em razão disso, envolvidas mais e mais com as banalidades da sociedade consumista.

3 Mesmo assim, um caminho filosófico de positividade

Segundo o psicólogo holandês Gerard Van der Aardweg (1978) temos, em nossas profundezas uma *criança queixosa*, que muitas vezes vem à tona trazendo-nos sentimento de autopiedade neurótica, assim como temos em regiões inconscientes uma *criança perversa* que também, com alguma oportunidade, vem à tona para inspirar-nos certa infelicidade vingativa.

Com frequência, nossa criança queixosa, diz-nos ao consciente algo como: "Pobre de mim! Pobre de mim, a quem foi designado viver nesta lamentável fase da história" (AARDWEG, 1978). Quando, na verdade, temos que reagir do seguinte modo: "Eis-me aqui, pronto para viver o presente segmento histórico, com vigor e disposição para melhorar as coisas!" Afinal, as autocomiserações nunca levaram a nada de bom. Repitamos que, agora, vivenciamos um momento delicado e mesmo difícil da história humana, mas, uma coisa é certa, já foram enfrentadas fases ainda mais difíceis, em termos de barbárie comportamental, tal como a história mostra.

Ora, vivemos severa crise de sentido existencial. Todavia sabemos que, sem qualquer crise de sentido, a filosofia e outros pensares não surgiriam, para enriquecimento das mentes humanas. Criaturas mal-informadas e às vezes mesmo desconhecedoras da filosofia, dizem ser esta um complicado "céu" de conceitos e princípios que às vezes desaba sobre os mortais; dizem também que filósofos vivem nas nuvens e têm carência de realismo. Pois bem; ocorre que a filosofia nasce nas crises geradas por nossa cotidianidade, eventualmente vindo a formar um complexo (e elevado) conjunto de princípios e reflexões. A não ser em espaços muito pretensiosos de meios acadêmicos (nos quais este autor viveu!), nunca encontraremos uma filosofia digna de seriedade que não esteja se dedicando a essenciais questões de nossa humana vida.

Não podemos, no entanto, negar que as sociedades contemporâneas – e isso graças a terrível pragmatismo consumista – estejam vivendo severa crise de falta de sentido existencial. Autores destacados como Viktor E. Frankl,

Alfried Längle, Ricardo Timm de Souza, têm estudado muito e ricamente a questão do sentido para o existir humano. E este será um tema ao qual quero (e devo) ainda que sumariamente dedicar-me – se possível na companhia dos acima mencionados pensadores.

Nós, contemporâneos, certamente não inventamos as crises. A caminhada humana, mostra-nos a história, tem-se mostrado plena de altos e baixos, de fases de *fluxo* (nas quais os humanos se sentem "em casa" em seu mundo), bem como de períodos de *crise* que, obviamente, dão ensejo a grandes sofrimentos. O que caracteriza as dificuldades atuais é sua universalidade, de vez que, aperfeiçoados grandemente os meios de transporte e de comunicação, hoje vemos todos os continentes vivendo vicissitudes, embora não igualmente.

Trarei para o presente escrito, como já fizera em livro anterior, o texto de um escriba egípcio, de idade avaliada em cerca de 4.100 anos – texto traduzido e divulgado pelo egiptólogo Hermann, por volta de 1923. Anotava o sofrido escritor daquela remota época:

> Os saqueadores estão por toda parte; [...] os campos não são lavrados, e uns dizem aos outros: não sabemos o que acontece a este país. [...] Roubam-se detritos dos chiqueiros porque todos têm fome. [...] Arrombam-se as repartições do Estado para roubar os registros dos escrivães. [...] Os que são mais assassinam os que são menos. [...] Oh! que os homens acabassem na terra, nenhuma mulher concebesse e nada nascesse (in: JASPERS, 1964).

Este texto, cheio de depressão e com muita dor, justifica o que sempre este autor tem enfaticamente repetido: nenhuma hora é hora de desistir. Há dificuldades na compreensão que os humanos têm do seu mundo; entraves mesmo na compreensão que os humanos têm de si mesmos; há abalos ameaçadores nas instituições – e outras dificuldades mais ou menos particulares. Mas nada disso apoia ou justifica pusilanimidades ou mesmo inércias angustiadas. Esses tempos ásperos nos convocam frontalmente a dimensões utópicas de ação. As utopias, desde principalmente o século XIX têm sido muito combatidas pelas lógicas cientificistas; mas... teremos feito uma profunda investigação quanto às propostas do "pensamento utópico"? Há que se respeitar o que não é fantasioso ou sonhador, e que no entanto tem sido disto acusado.

Algumas reflexões antes do nascer do sol

Chego a pensar que o século XX teve a trajetória difícil e às vezes trágica que teve, com numerosos conflitos armados e guerras mundiais, vários genocídios e desenvolvimento de um pragmatismo utilitarista eivado de individualismos fragmentadores da própria humanidade do homem, porque tudo isto nos foi necessário. Foi-nos e ainda nos tem sido, pois, sou de opinião de que o século XXI *ainda não começou*; terá, obviamente, começado nas agendas e calendários, ter-se-á iniciado matematicamente; mas, até onde me é dado perceber, ainda estamos vivendo na "zona de arrebentação" dos vagalhões das escolhas delirantes do século matematicamente recém-findo. Afinal, grandes historiadores sempre repetiram que o século XX terá começado mesmo no final da Primeira Guerra Mundial (1918).

Muitos foram os aspectos sombrios até esta parte; mas não devemos esquecer luzes como a Revolução Científica Contemporânea, iniciada no último ano do século XIX (1900), a partir da qual a física teórica modificou quase todo o panorama científico; nem esquecermos estupendos avanços na medicina química e na medicina cirúrgica, como também grandes enriquecimentos nas teorias jurídicas – sobretudo os voltados aos direitos humanos. Do mesmo modo, não podemos olvidar o surgimento e o desenvolvimento de três aspectos ecológicos: ecologia biosférica, a sociosférica e, com notável influência do cientista britânico Gregory Bateson, a ecologia da mente. Ora, apesar de más vontades políticas, o século recém-findo é o que viu nascerem (e crescerem) as ciências da educação e as abordagens mais destacáveis das neurociências – tudo isso para citar alguns exemplos que perfazem importante base para as jornadas deste século XXI.

Agora, nosso magno problema não parece estar em escassos recursos, mas em sérias questões éticas que discutem a dignidade necessária para o uso dos muitos recursos alcançados. Uma vez mais a sociedade de consumo vem manipulando um capitalismo obstrutor, o qual dialoga diretamente com as mais variadas e lamentáveis formas de corrupção que só têm visado lucros espúrios (como podemos assistir no notável filme *O jardineiro fiel*, que denuncia frontalmente a indústria farmacêutica).

Eis por que, prenunciando um nascer de sol, precisarei dedicar-me aos aspectos mais ricos do filosoficamente denominado "pensamento utópico", o qual, após aguentar muitas críticas filhas de um cientificismo anódino, novamente se põe como muito sério objeto de reflexão.

III
Quando o viver desafia nossa abertura reflexiva

Este nosso mundo, há milênios e milênios inacabado em processo de transformação, tem sido motivo de análises um tanto pretensiosas, as quais, sobretudo de 1970 para cá, advogam a legitimidade de desesperançada visão de fim-dos-tempos, às vezes travestindo tais análises de certa cientificidade. Como, em páginas anteriores já vimos, grandes nomes das ciências, da filosofia e de outros pensares, têm feito iradas críticas ao assim denominado "pensamento utópico". Embora parcialmente, uma pergunta de pronto cabe: desde quando o pensamento utópico é assunto propriamente científico? E, sendo sistema filosófico, configura-se como uma proposta que segue com a liberdade de ser aceita ou não.

Desde a Antiguidade Clássica greco-romana (senão antes até) até os dias atuais, o pensamento utópico é algo constante nas mais variadas inteligências e sensibilidades. Profetas bíblicos e Platão em larga medida foram utopistas, como o foram também Thomas Morus, Campanella, Saint-Simon, Robert Owen e outros mais das origens. Como se vê, o utopismo tem estirpe. Mas, sem qualquer dúvida, ganha sua obra principal do filósofo contemporâneo Ernst Bloch (2005). Bloch era um marxista de grande e inteligente abertura como, de resto, de pensamento universalista têm sido os grandes marxistas.

Este extraordinário pensador iniciou sua obra maior em 1938, com toda perspicácia e coragem, pois que a Segunda Guerra Mundial estava às portas. Assim, foi no exílio (por ser de ascendência judaica), que Bloch redigiu os volumes de que se compunha *Princípio esperança*, terminando sua primeira versão em 1947, quando a Europa estava grandemente destruída; e tendo publicado a versão definitiva no ano de 1959. Note-se a força desse espírito de, em um tempo grave de desilusões, ter-se dedicado com erudita profundidade ao tema da esperança – aliás, tema central de um filósofo ateu, dentre outros aspectos surpreendentes.

O pensamento utópico, repito, não nasceu com Bloch, mas no século recém-findo ele pôs sua força hercúlea a serviço desse *princípio*, que ele enfaticamente denomina PRINCÍPIO ESPERANÇA, deixando o mais claro possível que a esperança não é esporádica fantasia, nem é um sonho ou delírio, mas um princípio entranhadamente humano. Como já anotamos é um pensamento que teve (e tem) vários e famosos críticos – como, por exemplo, o grande ensaísta Emil Cioram e o filósofo Alain Touraine; mas também teve notáveis defensores como Paul Tillich e, mais recentemente nosso sempre saudoso filósofo Rubem Alves.

De Paul Tillich valerá transcrevermos o que, de forma quase irada, escreveu acerca dos adversários do pensamento utópico:

> Como a utopia participa da verdade, decorre que a negação da utopia, seja ela cínica ou filosófica, é um artifício mentiroso. Negar cinicamente ou com ironia não significa ainda conquistar a verdade que a utopia encobre (apud MORAIS, 2011, p. 85).

1 O conceito de utopia e os princípios do pensamento utópico

A expressão da língua grega *u topos* principia mais toscamente por significar "lugar nenhum". Mas idiomas são realidades dinâmicas, nas quais as palavras evoluem no "impuro" meio sociocultural e, assim, desenvolvem-se e se elastificam de modo a ganharem enriquecimentos que passam a servir a campos de comunicação mais abrangentes. O que ocorreu com U TOPOS que, ultrapassando a menção a "lugar nenhum", veio a significar "aquilo que ainda-não teve lugar", ou, mais refinadamente "o ainda-não consciente". Veja-se que, desde o significado inicial U TOPOS não tinha voz de futuro, como o atual "ainda-não consciente" não tem tal voz que possa se referir àquilo que não teve, não tem *e nem nunca terá* lugar na história humana; repetindo: utopia, desde a origem grega não tem voz de futuro.

O utopismo, demos-lhe maior crédito ou não, está nos sonhos humanos. Nos sonhos noturnos que mais interessam à psicoterapia em razão das invasões do inconsciente, quanto principalmente nos *devaneios*, sonhos acordados que se definem como certo inconformismo com o presente e variados anseios de transformações futuras. Em conferência pronunciada por Ernst Bloch na Universidade da Califórnia (1968) – texto que me coube traduzir em 1976 – intitulada "O homem como possibilidade", o filósofo em foco dedica-se longamente a estudar diferenças entre sonhos diurnos e suas ligações utópicas, e sonhos noturnos de tessitura nem sempre lógico-racional.

Ali disse Bloch (1976):

> Há muitos graus de realidade. Não existe uma compulsão inevitável que governe independentemente de nós. A realidade não se justifica a si mesma. Melhormente, significa uma abertura para o futuro dentro do qual – e agora mais do que que nunca se cumprirmos nosso dever – há uma imagem e um lugar para o progresso como distanciamento do mal.

Ora, na quase totalidade dos sonhos diurnos o Eu está presente e não em estado de delírio, indesejado e imposto. O filósofo alemão explora este mesmo ponto de vista, com maior detalhamento, na já citada obra *Princípio esperança* (vol. I). Neste mesmo livro central ao pensamento blochiano, quando o pensador, em sua parte II (sobre "a consciência antecipadora") analisa a dinâmica básica do pensar e do querer humanos, estabelece uma seguinte linha crescente: (1) o ser humano *almeja*; mas vai adiante e (2) *anseia*, que é já sentimento mais ebuliente; avança ainda e (3) *deseja* – palavra muito forte no pensamento blochiano; (4) entra em ebulição de *urgência* – e estas quatro etapas normalmente levarão o homem a *agir* (p. 49).

A não ser nos pusilânimes ou nos covardes, este sentido de urgência leva a ações. Aliás, quase nada de inovação grandiosa teve outra origem e ritmo na história humana – ensina Bloch ao largo de sua longa reflexão. Eis por que os *devaneios* têm muito maior importância do que costumamos atribuir-lhes. Parece simples, mas isso é básico para o pensamento utópico.

Como é fácil de perceber, não podemos arvorar-nos a oferecer "receitas" de como aperfeiçoar a qualidade da vida social. O que faremos é argumentar que nem todas as possibilidades humanas se encontram esgotadas, que os melhores recursos para a reorientação humana ainda permanecem intocados. Está fora de dúvida que perigosa banalização de comportamento é direta consequência da sociedade consumista, mas está também claro que esta não precisa ser a última curva do nosso caminho existencial. O filósofo e educador suíço Pierre Furter (Universidade de Genebra) deu-nos, em seu livro intitulado *Dialética da esperança* (1974), excelente estudo acerca do pensamento utópico em Ernst Bloch, ao qual seguiu-se livro do autor destas páginas intitulado *Filosofia da ciência e da tecnologia* (2010). Ambos nos dedicamos, Furter mais globalmente, à obra *Princípio esperança,* de Bloch.

A esta altura, com objetividade retomarei aquilo que é conhecido como "as funções do pensamento utópico", elementos estes que – verão – se afasta de qualquer fantasismo romântico, para focalizar as apelidadas "utopias de concretude". As utopias são encontradas, sublinhemos, nas mais diversas áreas das preocupações humanas: há utopias medicinais, utopias técnicas, sociais, geográficas, arquitetônicas, artísticas etc.

Pois bem: em uma síntese filosófica, serão agrupadas em três objetivos as funções básicas do pensamento utópico.

Uma *primeira função* assim deve ser enunciada: "deixar claro que o real não se esgota no imediatamente dado" – o que, depois, seria ricamente comentado por Rubem Alves.

O real é muitas vezes maior do que aquilo que se faz presente aos nossos sentidos e à nossa inteligência. Anotou Pierre Furter: "Ao introduzir os possíveis, o pensamento utópico impede que nos contentemos apenas com a simples constatação científica do que existe, do que está. Nos obriga a explorar os possíveis concretos dos quais o real está prenhe" (1974, p. 146). Ora, a forma de os possíveis concretos se efetivarem é suscitando condições psicológicas para uma aguda crítica da realidade da maneira como esta se nos está apresentando agora. Não apenas *análise científica* de constatação, como, por exemplo, encontramos na sociologia mais tradicional. Trata-se necessariamente de uma *crítica projetante*, com real preocupação pelo rumo que devem tomar os acontecimentos; crítica de tal agudeza que buscará as metas finais e concretas para o bem-estar humano coletivo e individual.

Uma *segunda função* é assim posta: "que o pensamento utópico venha a ser um instrumento objetivo para a exploração sistemática das possibilidades, sobretudo as não facilmente percebidas" (MORAIS, 2011, p. 125).

A utopia não pede ser entendida puramente como uma elaboração teórica que visualiza os possíveis para além do real; ela deve, sim, consistir de modo seguro em um recurso com o qual seja possível explorar, de modo objetivo, as possibilidades concretas que fazem parte do real. Assim se poderá trabalhar – adverte Bloch – com um *modelo* para o qual deverá dirigir-se toda a planificação do futuro. Escreve Furter que "esse modelo será definido como a 'reconstrução do real segundo um plano humano sustentável de constante revisão'" (1974, p. 147). Não se tratará, assim, de possibilidades filhas de invencionices ou de meros augúrios, mas filhas de investigações objetivas do que o futuro contém e ainda não tenham sido razão de ponderação lúcida.

Assim é que uma *terceira função* do utopismo, ao contrário do que tantos compreendem, será a de "introduzir a exigência de radicalidade". Em meu livro *Filosofia da ciência e da tecnologia*, escrevi:

> Ao tomarmos consciência de quanto o mundo em que vivemos é imperfeito e precisa ser negado, assumimos uma radical atitude de transformação. Saberemos que não nos é dado retornar a um passado ideal, tampouco é-nos dada a *certeza* de que haveremos de construir com nossa ação, um Paraíso futuro. "A utopia nos devolve ao presente, mas com o ímpeto da esperança, isto é, de uma fé no novo possível" (MORAIS, 2010, p. 125; cf. FURTER, 1974).

Nosso sempre saudoso pensador Alceu Amoroso Lima costumava dizer (inclusive em conversas nossas) que "as utopias de um século são quase sempre os lugares-comuns do século seguinte"; assim como, em França, Lamartine opinava: "As utopias amiúde não passam de verdades prematuras". Eis por que também adverti que:

> Acusar o pensamento utópico de *falta de realismo* é não haver compreendido suas colocações. Não podemos julgar uma utopia pelo seu grau de realismo. Devemos julgá-la, isto sim, pelo seu *grau de negação da realidade* e pela sua capacidade de *motivar mudanças* (MORAIS, 2010, p. 125-126).

Na verdade, não há como subestimar-se a força das ideias: desde as muito boas às mais perversas. Senão, como se haveria de explicar luminosos momentos do Século de Péricles (na Grécia do séc. V a.C.), também fases sedutoras da Patrística (época dos Pais da Igreja e do cristianismo dos primeiros séculos) ou, por opostos exemplos, as terríveis obras do nazifascismo ou do esconso socialismo dos *gulags* stalinistas? Ou, também, como encontrar-se origens explicativas para, no mundo moderno, refinadas revoluções como a Tecnológica (1750-1850) e a Industrial, as quais, embora com distorções de comportamento humano, fundamentaram os mais indiscutíveis avanços socioculturais, a partir dos séculos XVIII e XIX?

Pode-se discutir os resultados das ideias humanas, mas não se pode pôr em dúvida seus efeitos civilizatórios.

> Nos momentos decisivos da história, decisivas filosofias estiveram presentes. Esta a grande força das ideias, na qual acredita lucidamente o pensamento utópico. [...] Este (atual) é um excelente momento para que despertemos para a elaboração de *ideias-força,* pois os que comandam a euforia tecnológica estão cheios de ideologias e esvaziados de ideias (MORAIS, 2010, p. 126-127).

2 Na interface de proposta científica com substância filosófico-social

Há reflexões, de origem mais científica, que se fazem adequadas para mais de uma obra do mesmo autor, o que é especialmente de comum ocorrência quando o escritor chega a ter autoria de dezenas de livros. Faço este parágrafo introdutório porque vou, a esta altura, retomar excelentes passagens já utilizadas em livro anterior, naturalmente em outra forma e estilo. Refiro-me a obra deste autor que está, ao menos por enquanto, apresentada *on-line* naquilo que é denominado *e-book* (livro eletrônico), o qual nisto tem permanecido sob a responsabilidade da Papirus Editora (2015), com o título de *Gerações ameaçadas* (educação e ensino).

Avalio sempre muito rico e interessante quando, uma proposta originalmente científica, faz encontro profícuo com elementos filosóficos, pois grande parte dos estudiosos sabe que a história registra momentos em que se pretendeu que a ciência e a filosofia devessem permanecer bem distanciadas. Ora, o saber humano que autenticamente retrata a existência, não deve e não pode estar assim segmentado – mormente quando as reflexões claramente derivam de áreas afins desse complexo conhecimento. Eis por que tais preconceitos separatistas não nos devem interessar de perto. Passo, então, a ponderar sobre criação de psicologia bioenergética e filosofia social.

A dinâmica existencial guarda reais aproximações entre as realidades individuais e coletivas, conquanto impressione-nos o seguinte apontamento do filósofo Ernst Cassirer redigido nos anos iniciais do século XX. Segundo Cassirer comenta em sua obra *Antropologia filosófica* (1972), os humanos vinham obtendo muitos e muitos dados sobre si mesmos; dados psicológicos, sociológicos, neurofisiológicos, históricos, genéticos etc., os quais logo alimentariam potentes máquinas. No entanto, advertiu o filósofo, naquela época o ser humano nunca se houvera compreendido tão pouco. Ao tempo estava-se no "entreguerras", isto é: entre a Primeira e a Segunda Guerras Mundiais. Na realidade, desde então tem faltado como que uma "espinha dorsal" para articular tantas informações que, sobre os homens e sobre o mundo, se multiplicavam sem uma essencial estrutura de sentido (CASSIRER, 1972, p. 15-46).

Décadas adiante, o psicólogo norte-americano Stanley Keleman, no livro *Realidade somática – Experiência corporal e verdade emocional* (1994), analisando dinâmicas individuais, ofereceu-nos, talvez sem que o percebesse, conceitos ricos e produtivos para uma interpretação dos próprios movimentos socioculturais. Diz-nos Keleman que de repente nos damos conta de que algo essencial, em nossa existência, tornou-se obsoleto, tornou-se quase inútil. Keleman analisa isto dando-lhe o nome de *ending* [final], e lembrando-nos que tais "finais" [*endings*] nem se mostravam necessariamente como anormalidades ou patologias; faziam parte, isto sim, de processos necessários de transformação. Assim escreve o psicólogo:

> É possível, é claro, ficar imobilizado quando algo acaba e recusar-se a prosseguir. Algumas pessoas tentam permanecer crianças ou adolescentes, manter o *status quo*. Outras

> podem ficar tão assustadas e defensivas que, literalmente morrem. Alguns padrões tornam-se tão ritualizados e aceitos, nossa ligação com eles é tão profunda, que sentimos que abrir mão deles é o mesmo que morrer (KELEMAN, 1994, p. 57).

Segue Keleman afirmando que, ao quase "luto" desses finais, segue-se novo momento que o psicólogo denominou *middle ground*; em nosso idioma "espaço intermediário", que é fase nebulosa e cheia de expectativas – simultaneamente expectativas sofridas e muito belas. Já está claro que passos para trás estará o obsoleto: valores que não nos servirão mais, sendo, porém, que nos sentimos emocionalmente apegados a tais valores. "Não temos mais o antigo e ainda não temos o novo" (MORAIS, 1997).

Atentemos às belas palavras de Stanley Keleman (1994, p. 63-64):

> É o que acontece no fim de uma colheita, antes do surgimento de novos brotos, como os processos profundos que acontecem entre inspiração e expiração, entre uma florada e outra. O *middle ground* é um estado de recepção e de concepção; é o sem forma, é o nascimento da forma, é o lugar onde coisas vêm a ser e a própria concepção nos toca.

Momento de, ao mesmo tempo alvíssaras e medo, de esperança e perigo, pois forças tanto boas quanto ruins se espevitam do lado sombrio de nós, querendo disputar mandos e comandos, luzes e cores. Nesse ensaio escrevi:

> Se as energias interiores forem tenazes e renovarem a forma de relação com o mundo, então ocorrerá o terceiro momento: o *rebirth* (renascimento), quando toda uma recomposição de vida abrirá tempos realmente novos e articulados com valores fecundos (MORAIS, 1997, p. 66).

Observe-se que a dinâmica existencial se manifesta de diversos modos, mas nenhum modo é fatalista e previsivelmente inevitável. Talvez por razão como esta, o psiquiatra Dr. Viktor E. Frankl, no Hospital Psiquiátrico de Viena e dedicando-se ao setor de patologias suicidas, dizia a seus pacientes algo assim: e se você se matar e o melhor de sua vida esteja para surpreendê-lo vinte ou trinta dias depois? Ou, acaso os senhores são todos profetas adivinhos?

Voltando a Gilbert Chesterton, o dinamismo da vida é pleno de imprevisibilidades. Quem sabe a paciência seja, de fato, a ciência da paz? As crises devem-se fazer em crítica da realidade, não em oportunidades de autocomiseração.

Eis por que devemos nos dedicar a criteriosa meditação acerca do sentido da existência; algo que Frankl e seus discípulos fizeram tão ricamente que nasceu a denominada *logoterapia*, versando sobre o real sentido humano do existir.

3 Sentido existencial: busca ou construção?

A questão básica do sentido existencial tem sido considerada por alguns problematização muito antiga, a qual ganhara maior destaque pelos seguidos textos e conferências do psiquiatra vienense Dr. Viktor Emil Frankl, a partir de 1946 – em seguida ao final da Segunda Grande Guerra.

Tais críticos buscam sugerir que a temática do sentido é hoje como que superada; ora, tal visão nos faz perguntar se os seres humanos teriam mudado de natureza? De vez que sempre e sempre lutaram por viver *com sentido*, ao ponto de pesquisas relativamente próximas de nós apresentarem percentagens grandemente significativas de universitários e pessoas mais adultas com ideias suicidas por esvaziamento do sentido em suas existências.

Na obra *O sofrimento de uma vida sem sentido*, Dr. Frankl expõe pesquisas realizadas nos Estados Unidos da América (em Harvard, Idaho University, University of Michigan e de Nova York), na Europa e na Nova Zelândia – todas com numerosas amostragens e revelando percentagens altíssimas de estudantes e profissionais adultos desejosos de viverem com sentido.

Além dos fatos já citados, no Brasil o competente filósofo Ricardo Timm de Souza retoma o foco dessa seção, de ângulo um tanto diverso da logoterapia – e o faz com notável competência – em obra intitulada *Sobre a construção do sentido – O pensar e o agir entre a vida e a filosofia* (2004). Neste último autor encontramos claríssimo que o tema humano do sentido não foi e nem será superado, ou posto fora da moda filosófica. A citada obra enriquece-nos porque, de ângulo um tanto diverso de Frankl e seus discípulos, mostra-se fortemente convincente.

Tenhamos claro que, dentre outros, esse tema (ou subtema) se mostra inteiramente necessário às jornadas que vão de fase crítica (social e individual) a albores de esperança para transformações. O próprio Freud, em palavras diferentes, dizia o que aqui repetirei ao sabor do meu modo de escritura;

dizia o pai da psicanálise que dois são os elementos essenciais ao existir humano: o desejo e o poder. Quando, ante fortes e múltiplos desejos, não se constata poder para realizá-los ainda que parcialmente, a essa nulidade de potência o equipamento psíquico irrompe em neuroses. Todavia, muitíssimo mais sério é o colapso do desejo, o qual, em sua máxima expressão, faz-se em *abulia* – total ausência de vontade e inteira inércia anímica. Aí o que se instala é "psicose abúlica", a qual nos mostra pessoas na triste condição de que, postas onde se as põem assentadas, olham horas a fio para um mesmo ponto, nada querem, dali não se levantando, algumas vezes, nem para o atendimento de necessidades fisiológicas; é transtorno filho do colapso absoluto do desejo.

Este comentário aborda aspectos propriamente patológicos, os quais reafirmam a vida humana como espaço de dificuldades e facilidades, mas que não precisam ser tão graves e perigosas quanto o alerta feito pelo Dr. Freud. Se, essa dinâmica de altos e baixos, inclui – como mais habitualmente inclui – possibilidades humanas de ação ou de reação, não será o caso de pensar-se em transtornos psicóticos e, mesmo, de pensar-se em mais graves estados neuróticos. Uma cognição ativa e sentimentos discernidores, não haverão de neutralizar as possibilidades da esperança, ou de criar inércias seriamente dificultadoras. É óbvio que Freud se referia a condições patológicas dotadas de maior severidade.

Se não me equivoco, é Romain Roland que comenta muito interessante passagem ocorrida com o grande Michelangelo e alguns de seus amigos. Peço complacência, de vez que novamente discorrerei ao sabor de minhas lembranças de leitura e ao meu modo.

Uma grande pedra-mármore chegou, como encomenda para os trabalhos escultóricos de Michelangelo e, segundo consta, o gênio ficou longo tempo olhando para o mármore chegado. Quando dele se aproximou um amigo e disse algo assim: fico imaginando quanta beleza a sua intervenção porá nesse bloco! Ao que o escultor, pintor e poeta respondeu, esboçando leve sorriso: toda a beleza já está neste bloco marmóreo. De minha parte, só vou tirar os excessos! Os amigos saíram sorrindo e um deles terá dito: qualquer um de nós, amigos, poderia esmagar esse mármore sem tirar nada de beleza dele!

Timm de Souza anota lucidamente, ao tratar do sentido da vida como construção de cada ser humano:

> Imaginemos que somos escultores. Temos à nossa disposição uma razoável quantidade de matéria-prima à qual podemos imprimir nossa vontade, fazendo coisas grandes e belas.
>
> Porém, em lugar de fazermos isso, o que fazemos é nos indagarmos continuamente, à vista de tão notável matéria-prima, qual o seu sentido. Não construímos nada: esperamos que a matéria-prima nos revele seu segredo, seu *sentido* (2004, p. 83).

Do êxtase indagador nenhuma obra escultórica resultaria. O que ficaria é o peso da frustração do escultor negligente e atônito. Observa Timm de Souza:

> Talvez a mesma angústia daqueles que, ao perguntarem pelo sentido da vida, se negam a entender que esse sentido depende também de sua intervenção pessoal e inconfundível na vida (2004, p. 83).

Na opinião do filósofo em foco, o sentido existencial não é algo que estava escondido, é procurado e achado pronto. É, isto sim, o resultado de empenhada construção humana. Viktor Frankl, Alfried Längle e Ricardo Timm de Souza têm, todos, importantes contribuições quanto à necessidade de vivermos *com sentido*, embora percebamos óbvias diferenças entre os pensamentos dessas três admiráveis figuras do pensar contemporâneo.

Concluindo o capítulo...

Toda vida humana consciente de si é desafio. E a soberana questão, penso que nos últimos tempos mais acentuada, acerca do *sentido* da existência, vejo-a ao mesmo tempo como busca e construção. Algo semelhante a alguém, em solitária região, que precisa construir um abrigo e, de início, não conta com materiais básicos para tal construção. Tal pessoa concebe, a partir de suas necessidades reais defrontadas com o clima que a rodeia, como precisará ser seu abrigo. Assim, passa a buscar os elementos externos necessários que lhe possibilitem a construção – sempre acalentando em seu interior o projeto concebido.

De todo modo, a rude exposição à intempérie é viver sem sentido, em meio ao que Pascal chamou *divertissement* – não apenas divertimento, mas uma vida naufragada em banalizações, incapaz de refletir sobre as escolhas e decisões do seu cotidiano. Ora, o "pensamento utópico", tal como foi suscintamente apresentado neste capítulo, lembra também que o tempo divino é "duração eterna e indivisível", mas a vida humana é, agora em palavras fortes de Santo Agostinho (séc. IV e V), "o presente das coisas passadas, o presente do presente e o presente das coisas futuras" – lembrança, constatação e planejamento (*Confissões*).

Nas presentes páginas de livro que se debruçam sobre nosso conturbado início de século XXI, tudo o que se deseja são duas coisas: (1) não fugir de firmes constatações das dificuldades que nos marcam a vida – tanto coletiva quanto individualmente; (2) demonstrar que *um* mundo pode estar acabando, mas não *o* mundo humano, e que isto nos impõe muito sérias responsabilidades. Não se deve crer que alguém esteja neste mundo "a passeio", destituído de qualquer missão. Na projeção social ou no anonimato, sempre todos têm importantes realizações a fazer; como dizia já idoso Einstein, não é preciso ser-se premiado Nobel para incumbir-se de pequenas e maravilhosas ações.

No que respeita ao presente texto, ainda temos muito a caminhar por este vasto painel de sombras e luzes. Como sempre, este autor não tem pretensão de *ensinar* nada aos seus semelhantes – o que seria pretensão arrogante; mas o que é rico nas vidas humanas é a possibilidade de partilharem reflexões que apenas "ponham a pensar". Sigamos, portanto, movidos pelo melhor combustível: a humildade – a que é humilde, mas não omissa.

IV
Os altos e baixos do viver

No capítulo que ora inicio, aqui e ali, escreverei na "primeira pessoa", pois, na verdade, direta ou indiretamente, ele traduzirá muito do meu trajeto pessoal ou coletivo. Este autor nascido em meio à Segunda Guerra Mundial (1940), pertence a uma geração que foi, de início, de mente confusa; posteriormente fez-se esperançosa e, já nos albores da maturidade, tornou-se assustada.

Nossas esperanças não duraram muito em razão da longa e terrível Guerra Fria, a qual implicou a doidice da corrida armamentista, e o que também se chamou "imperialismo político e econômico" (Rubem Alves), a cruel separação entre nações e povos ricos e nações pobres ou mesmo miseráveis, nisso a fome, a opressão e as duras explorações. Escreveu Rubem Alves: "tudo isso proclamava a enfermidade da nossa civilização" (ALVES, 1976).

Foram os fluxos e crises, altos e baixos da minha história na história que, agora, com décadas de adultez, permitem-me pensar um futuro não de modo lírico e fantasioso, mas voltado para os "possíveis concretos" ainda não buscados. Ernst Bloch, extraordinário filósofo já citado, diz-nos – em pontos de sua obra falada e escrita – que no futuro moram todas as possibilidades, as muito boas e as muito ruins. Quais se concretizarão? Isto dependerá da dignidade com a qual encarnarmos nosso presente (BLOCH, 1976, p. 29-42).

Dentre minhas imperfeições pessoais, ninguém haverá de encontrar a pusilanimidade que leva aos pantanais da inércia. Afino-me com os romanos a dizerem: *Contra speam, spes*; livremente traduzindo: "Esperança, contra toda desesperança". O que aqui digo de mim, penso poder dizê-lo de uma grande parte de uma geração não afeita às desistências. Como anteriormente já anotei, não há que se confundir dificuldades com impossibilidades.

Com uma razoável atenção para com o evolver histórico, constataremos – no mínimo – fases ou épocas como as que seguintemente relembrarei. Os seres humanos viveram, por primeiro, em bandos que deram origem a tribos; até que, mais sedentarizados (embora não inteiramente), chegaram a se organizar em comunidades agropastoris, como visto anteriormente, daí evoluindo para o que chamaríamos já de sociedades artesanais, nas quais os homens estavam no começo, no meio e no fim de suas realizações. Seguiram-se, como antes vimos, socioculturas manufatureiras, as quais atuavam em locais mais amplos e já com uma incipiente divisão do trabalho grupal; até serem atingidas (com as revoluções tecnológica e industrial) condições de sociedades maquinofatureiras – em período de *automatização*, com uso de novas formas de energia então desenvolvidas.

A maquinofatura não parou nisto. Já no século XX atingiu a *automação*, graças às descobertas e aperfeiçoamentos cibernéticos. Surgiu, por último, como vimos, aquela sociedade na qual vivemos, dita sociedade burocrático-funcionarial. Ora, em todas as fases aqui mencionadas a *mundanidade* (relação homem-mundo) enfrentou grandes dificuldades e, mesmo assim, alcançou êxitos extraordinários. A vida sempre se mostrou uma dialética entre rudezas ou óbices e celebrações eufóricas.

1 Caminhos humanos: a esperança dialética

No caminhar de minhas leituras e reflexões, tenho encontrado alguns pensadores que percebem ser, a existência, um constante "diálogo" entre *experiência* e *esperança*. Em princípio, a experiência reúne muitos momentos sombrios, mais constituídos de equívocos individuais e coletivos e que, por isso, deve ser negada – como sofreres que não queremos ver repetidos. Enquanto a esperança, nascida em cuidadosas análises históricas, faz-se em uma antítese às difíceis experiências, apontando para os já tratados "possíveis concretos" ainda não buscados e que têm potencial para melhorar muito a existência humana como um todo.

Uma vez mais diga-se que não se trata de fazermos de conta que os sombrios aspectos de nossa história não aconteceram, mas, ao contrário, de obtermos importante aprendizado do que deve ser negado e não repetido. Ora, se acreditamos que tais experiências drásticas não se devem repetir, isto só em nome de luzes esperançosas quanto ao futuro.

O filósofo Max Scheler, que marcou fortemente o princípio do século recém-findo, em suas obras afirmava que um autêntico desastre antropológico fora legado pelo século XIX ao XX; tratava-se da fórmula, oriunda da Revolução Industrial, que estabelecia: Homem = Produção = Dinheiro (H = Pr = $). Tal formulação era a negação brusca da ideia de *progresso* civilizacional da primeira fase do Iluminismo (séc. XVIII), com figuras tais como J.-J. Rousseau, Diderot, Condorcet, D'Alembert e vários outros.

O sociólogo e historiador alemão Hans Freyer, escreve, em *Teoria da época atual* (1965, p. 41):

> Quando o Iluminismo falava em progresso do homem não pensava primariamente e, de qualquer modo, não exclusivamente, no aumento dos bens externos produzidos pela civilização, e sim no "refinamento dos costumes", e o contrário de progresso não era pobreza ou escassez de recursos técnicos, mas *barbárie, rudeza e selvageria*. Somente com o século XIX é que a expressão ("progresso") se tornou dependente do domínio progressivo sobre a natureza e do bem-estar *material* crescente.

A décima nona centúria de nossa era foi marcada por grande exploração do trabalho da gente pobre e, graças a significativos passos tecnocientíficos, foi também marcada por forte positivismo cientificista – acabando, a centúria, com o apelido de "o século dos materialismos". O materialismo evolucionista de Darwin e Lamark; o positivista de Auguste Comte e seguidores; o materialismo dialético de Marx e Engels; o utilitarista de Jeremy Bentham e outros; também o materialismo irracionalista de Nietzsche e Schopenhauer – todos estes criaram o vasto painel materialista que invadiria, em grande medida, o século XX (até o quase final dos anos de 1960).

Todavia, as tantas vicissitudes do século recém-terminado, certamente sendo fases de infelicidade, também significaram momentos históricos de dura aprendizagem que para tantos – ainda que não para todos – foram preparação, às vezes dramáticas, para mais valiosas reflexões que deverão alimentar o presente século para transformações positivas que podemos intuir. Texto bíblico diz-nos que mil anos são como um dia para a divindade, eis por que devemos agir, devemos empenhar-nos, mas não movidos por uma pressa infantil que deseje um mundo transformado para bem em meses ou em poucos anos. Hoje, as criaturas bem-intencionadas deverão aprender com os plantadores de tamareiras, que sabem, ao plantá-las, que elas darão seus primeiros frutos cerca de 100 anos depois. Isto é: empenho por um mundo melhor que acolherá futuras gerações.

Ao ouvirmos aquelas pessoas, às vezes cultas, que entendem termos chegado a um dos piores, senão *o* pior momento de nossa condição civilizatória, ocorre-nos nítida impressão de quão pouco tem sido estudada a dinâmica histórica. O momento que vivemos agora é, sim, fase de tristes violências sociais em diversas partes; bem como, à feição do que temos repetido, é momento de problemática subalternidade aos valores do consumismo. Do mesmo modo, nossa época segue marcada por operações guerreiras de lamentáveis resultados.

Não nos dispensemos, todavia, de apontarmos, ainda que resumidamente, aspectos sócio-históricos luminosos de progresso humano em diversas áreas sobretudo (por enquanto) nas científicas e tecnológicas. A convivência atual com negatividades e positividades, acaba pintando ante nossos olhos (sobretudo por efeitos midiáticos), um tecido civilizacional muito complexo e, mesmo, embaralhado. Gente de fé vê tremerem suas convicções; incautos não logram interrogar o que se agita abaixo da superfície social mais facilmente visualizável. Em verdade, é necessária muita decisão íntima para constatarmos as forças menos divulgadas, portanto mais escondidas do plano dinâmico em que se encontra, nestes últimos tempos, a humanidade. Vejam-se constatações e prognósticos feitos pelo físico Fritjof Capra na sua interessante obra intitulada *O ponto de mutação* (1987).

Uma esperança "porque sim" não valerá de muito. Mas dialética é a esperança na qual convivem opostos, sem que se possa provar que, em um mundo inacabado e em processo, o oposto das negatividades já venceu. Uma dada *tese* (afirmação enfática) tem contra si elementos *antitéticos* (antítese), e a disputa entre esses polos levará a uma *síntese*, a qual, após formar um paradigma ou modelo, virá, no processo histórico, a fazer-se em nova tese, a qual terá sua antítese... e assim por diante. Pessoalmente, denomino "esperança dialética" um princípio dialogal que, no processo histórico, sempre sustenta forças contrárias que constantemente nos interrogam. Parece-me, uma vez mais seguindo a filosofia de Bloch, que, neste nosso segmento de história, ou será o utopismo ou a prévia aceitação do pior.

Será interessante, neste passo, que analisemos alguns – não mais do que alguns! – fatos históricos que, desde recuados tempos, vêm confirmando para estudiosos a efetividade da lei de progresso e evolução humanos. São fatos que me agitam a alma há décadas, e muito gostaria de partilhá-los com os que tiverem a amabilidade de ler este escrito.

2 Aprendendo com o passado e com o presente

Como em diferentes trechos de sua obra afirmava Michel Foucault, a história é uma "continuidade descontínua". Isto é: desde que se configurou o surgimento de humanos na Terra, tais criaturas não pararam de fazer alguma história. Assim, constatemos por primeiro que, de então até os dias atuais, o global existir da humanidade é uma fascinante continuidade.

Todavia, se os muitos movimentos humanos não dessem origem a fases ou segmentos com cambiantes formas de ação, tais "momentos" não teriam nomes diferentes; têm-nos por apresentarem paradigmas diversos, tais como: Antiguidade Remota, Antiguidade Clássica (especialmente greco-romana), Idades Média, Moderna e Contemporânea – hoje se falando mesmo em pós-modernidade, sendo que, às vezes uma mesma episteme (esta como estrutura inconsciente da cultura) mostra-se dividida, mais clara ou sutilmente, em subfases com interessantes variações.

De todo modo, o que neste ponto nos importa é elencar alguns fatos marcantes que deram colorações específicas ao que denominamos habitualmente progresso humano. É um momento mais propriamente histórico, de vez que a história se refere a fatos, antes mesmo de se fazer interpretações destes.

Algumas vezes que falei em público acerca da lei humana de progresso e evolução, muitos vieram a mim com a pergunta: "Mas de que progresso você está falando? Afinal, está tudo pior, em violências sociais, licenciosidade, corrupção...

De que progresso você está falando?" Pois observações assim fizeram com que me dedicasse a mais aprofundados estudos históricos, com os quais me vi em condição de escrever um livro intitulado exatamente *Evolução humana e fatos históricos* (2002). Aqui necessitarei voltar a esse livro de há quinze anos, de vez que ele sintetiza aspectos importantes de minha caminhada que marca fundo quanto podemos e devemos aprender com o passado, em sua vastidão.

a) Lembremo-nos, iniciando pelo consabido, que no Império Romano, em dias especiais, as famílias, após alimentarem-se fartamente, iam depois para o circo divertirem-se apreciando animadamente leões a devorarem pessoas; ou então, lutadores de arena atravessavam corpos vencidos, com rudes espadas. Conseguiríamos, em sadia consciência, imaginar que tais coisas, nos dias de hoje, seriam divertimentos consentidos? Não, porque deu-se significativa evolução.

b) Outros acontecimentos por muitos bem conhecidos são as muitas guerras de intolerância religiosa, realizadas em nome de Deus e do Mestre Jesus.

Não nos iludamos entendendo que nos dias atuais inexistam intolerâncias transfeitas em brutalidade; apenas que agora, se elas se traduzirem em agressões físicas, sofrerão ação policial e mesmo jurídica. Que o digam muitos que cultivam seitas afro-brasileiras, principalmente, e sofrem assustadoras perseguições.

c) A partir do século XIII de nossa era, para o massacre e extermínio dos cátaros (ou albigenses), no Languedoc francês, duas forças eram estimuladas pela intolerância vaticana: as Cruzadas e a Inquisição; e, embora mentes ortodoxas não admitam, os cátaros eram cristãos grandemente exemplares e, é óbvio, discordantes de políticas interesseiras autodenominadas "fidelidade cristã".

d) Outra importante constatação que pode ser feita, a chamaríamos de "a evolução da vingança ao Direito". O antropólogo e jurista Charles Letourneau, ainda no século XIX em sua obra clássica intitulada *A evolução jurídica nas diversas raças humanas* [*L'Evolution juridique dans les diverses races humaines*], com acurado estudo defendeu brilhantemente a tese de uma evolução que levara da primitiva vingança "institucionalizada" aos refinados aspectos do Direito. Afirma Letourneau (1891):

> Pelos costumes e instituições jurídicos, por aquilo mesmo que punem, toleram ou autorizam às sociedades, vê-se muito claramente que o sentimento ou ideia de justiça não tem nada de essencial à natureza humana, que são absolutamente sementes divinas lançadas à alma de todos os homens em todos os países e em todas as épocas. O muito imperfeito instinto de justiça que hoje existe, com efeito, na maioria dos homens um pouco cultivados, não é mais do que o resultado da vida dos antepassados, *uma lenta e penosa aquisição*, a transformação psíquica, a idealização da necessidade de justiça.

Vê-se que não foi breve o percurso desde o talionismo ("Olho por olho, dente por dente") até a refinamentos hoje estudáveis nos estatutos e interpretações jurídicos. É, sem dúvida, forte linha ascensional evolutiva. Ainda poderemos, com maior objetividade, comentar outros importantes passos humanos.

e) Sempre em processo de evolução, há muito foram abolidos cultos com sacrifícios humanos; em significativa parte do nosso mundo, abolida também a pena de morte.

f) Viram-se muito modificados, de forma mais humanitária, as formas de tratar-se doentes mentais; o forte movimento que ficou conhecido como "antipsiquiatria" era contrário às antigas e consideradas desumanas formas de tratamento.

g) Em meados do século (1948), a Organização das Nações Unidas (ONU) promulgou a Declaração Universal dos Direitos Humanos, com assinatura de 58 países – o que, à época, equivalia a 4/5 das nações mundiais. E tal Declaração já deu ensejo a 12 tratados especificadores de direitos humanos. Com todo o descaso ou descumprimento ainda constatável, é preciso que vejamos tais eventos como clara evolução.

h) Para que não nos estendamos demasiado, destaquemos, a mais, extraordinários avanços tecnocientíficos, em área médica, na aviação, nas telecomunicações, na informática *de per si* etc. Muitos são os usos desviantes, mas todas as grandes inovações ora são absorvidas pelos interesses capitalistas, ora demoram para compatibilizar-se com os valores devidos.

Eis aqui uns poucos e breves comentários, pois que estudos históricos dariam possibilidade de numerosos outros que – embora nem sempre sejam considerados – mostram linha ascensional evolutiva em vários (não todos, é óbvio) aspectos da humanidade. Ponhamos, portanto, o nosso maior cuidado no fazermos avaliação do que estamos vivendo, a fim de que o gosto amargo de decepções não feche os olhos para luminosos caminhos históricos.

Ora, os nossos dias atuais estão fazendo história, e é de todo aconselhável que não os fragmentemos nas muitas negatividades que a mídia nos exibe, mas também não nos esqueçamos das comunidades menores, das instituições e boa parte das ONGs que, neste momento, estão se empenhando em realizações positivamente importantes; isto para não entrarmos no detalhamento de notáveis personalidades que marcaram de luzes o século recém-terminado, que deverão acontecer também neste século XXI que apenas está se esboçando. Como já foi anotado, as ocorrências apontam, talvez, para o fim de *um* mundo mas não para o fim *do* mundo.

Tudo isto em razão de que, após quase um século e meio de, por exemplo no Brasil, termos vivido sob uma influência bem aceita da cultura francesa, seguiu-se, como vimos, ao final da Segunda Grande Guerra, em nosso país, verdadeira invasão da cultura comercial norte-americana, a qual trouxe consigo as mais centrais características da sociedade de consumo. Conforme bem o analisa Hans Freyer (1965, p. 42):

> [...] todo interesse reside em transformar sentimentos em contratos, expectativas em previsões, esperanças em cálculos de probabilidade, anseios em planos.

Certamente não se trata de tendência restrita ao Brasil, pois, na bipartição de poder entre o Leste socialista e o Oeste capitalista (também logo após o fim da Segunda Guerra), variados países que restaram na órbita capitalista receberam semelhante influência cultural e, uns mais outros menos, aceitaram em si o desenvolvimento dos difíceis valores do consumismo. Os humanos passaram a ser avaliados por sua capacidade de consumir e, habitualmente, exibir.

3 Complexidade e sentido existenciais

Saibamos que a herança de pensamento do filósofo e teólogo dinamarquês Søren Kierkegaard, vinda mais da primeira metade do século XIX, tem sido muito rica para o pensamento contemporâneo. Ao longo de seus marcantes escritos, o autor referido, afirma e reafirma que o ser humano é "uma síntese de opostos"; no sentido de que é um ser complexo capaz tanto de grandezas quanto de assustadoras mesquinharias. Ora, o que vale para os indivíduos que compõem a humanidade, vale para a própria humanidade como um todo; o bem e o mal habitam cada pessoa, de modo que, segundo o que as situações sociais e os processos de educação estimulem, obter-se-á de nós respostas felicitantes, como o que se expressará mais fortemente. Bem como poderá dar-se o contrário.

Há perversidade em nosso mundo? Eis uma pergunta dispensável, de vez que obviamente há. Há também nobres sentimentos e ações fascinantes em nossa humanidade? Certamente que sim e que podem ser pesquisados e conhecidos. Com isto se compõe o que, páginas atrás, denominamos "esperança dialética". No mais profundo de si o homem não é *isto ou aquilo*, mas vive a curiosa unidade dual de ser *isto e aquilo*. Eis por que, em meio a importantes dificuldades socioculturais, em meio a crises – mesmo aí não está *tudo* perdido, nem se está necessariamente à beira de um abismo inevitável. Em muitas circunstâncias a história passada e a que está passando têm nos mostrado isto.

Precisamos estudar com cuidado os exemplos de tantas personalidades que alumiaram belamente os séculos XX e XXI; seres estupendos como o Mahatma Gandhi, seu declarado discípulo norte-americano Martin Luther King Jr., Dr. Albert Schweitzer, Irmã Dulce da Bahia, o, em campo científico, até hoje insuperado Dr. Albert Einstein, também Madre Teresa de Calcutá, Francisco Cândido Xavier e tantíssimas outras luzes. Quem se volta para dias e anos passados e só vê sombras talvez não esteja humanamente preparado para perscrutar a história.

Necessitamos, aqui, retornar ao central tema do "significado para nossa vida", que temos de buscar. Como se sabe, esta foi sempre a preocupação central do psiquiatra vienense Viktor Frankl, de vez que deve ser a questão central à vida de todo ser humano mais consciente de sua jornada existencial. Frankl escreve, em seu livro intitulado *Um sentido para a vida* (1989, p. 23):

> E é exatamente esse desejo de sentido que permanece insatisfeito na sociedade atual e não encontra consideração alguma por parte da psicologia moderna. As teorias atuais sobre a motivação veem o homem como um ser que *ou reage* a estímulos, *ou obedece* aos próprios impulsos. Estas teorias não levam em consideração o fato de que, na realidade, em vez de reagir ou obedecer, o homem *responde*, isto é, responde às questões que a vida lhe coloca e por esta via *realiza* os significados que a vida lhe oferece.

Obviamente, o termo *vida* aqui engloba a "mundanidade", ou seja, interior e exterior humanos em dinâmica relação. O livre arbítrio é um fato, mas um fato necessariamente *relativo*, de vez que há condicionamentos socioculturais para as pessoas. Não falamos aqui de determinismo, pois este seria a anulação absoluta da relativa liberdade com a qual devemos acertar caminhos, fazer escolhas para a nossa vida.

Os condicionamentos da sociedade de consumo são muito fortes, e por isto diz Frankl que o desejo de sentido tem sido o mais insatisfeito nos tempos atuais. De todo modo, se quisermos viver com sentido, não podemos entregar-nos ao pessimismo ou à desistência; ambas estas coisas configuram o *nonsense*: um niilismo sem sentido. A atitude fatalista, a que pensa não haver atitude nossa que mude o rumo tomado pela vida, embora vivida com suposta tristeza, acaba se fazendo numa certa comodidade que nos dispensa de muitas responsabilidades. Às vezes, por conveniência, encenamos uma impotência que inexiste no âmago de pessoas de boa vontade.

Viktor Frankl, embora tendo sobrevivido a vários campos de concentração, dedicou as décadas restantes de sua vida a defender que "em qualquer circunstância o viver tem sentido". Isso é riquíssimo. Apenas afino-me mais a trechos do filósofo brasileiro Ricardo Timm de Souza que defende a necessidade de que *construamos* o sentido, de vez que este não parece ser algo pré-existente que esteja escondido e que deva ser buscado e achado, como antes dissemos.

De todo modo, qualquer pessoa que não construa um sentido pelo qual viver, não apenas *desvive* mas certamente se sente cada vez mais esmagada pelo *nonsense*. O existir humano é uma floresta que devemos atravessar; atravessando-a, precisamos, ao mesmo tempo contemplar seus belos trechos, beber das águas frescas e comer os seus frutos sadios, bem como tomar todo cuidado com seus perigos. A grande riqueza estará em que não ousemos (ou teimemos) em atravessar o matagal em solitude; atravessemo-lo "em grupo", pois, às vezes a grande beleza da travessia só se exibe plenamente em nossas relações com outros.

Quanto mais aguda a consciência do vivente, mais ele perceberá que o que acabo de pintar não é uma arte abstrata e nem mesmo uma imagem literária. A existência humana é essa floresta, que fascinará quem a atravessar com um definido significado para tal travessia.

O grande escritor e pintor argentino Ernesto Sábato passou parte de seus anos jovens em França, como físico matemático junto ao Instituto Curie. Sendo excelente cientista, fez-se no nome mais indicado à presidência do referido instituto. Em vésperas de tal nomeação, Sábato comunicou ao mundo científico sua decisão de abandonar a ciência para se dedicar à literatura (de ficção e de ensaios). Sem dúvida, tal decisão provocou grande impacto entre seus colegas pesquisadores; chegaram mesmo a achar que Sábato não estava bem emocionalmente.

Os demais pesquisadores reuniram-se com o físico em foco, procurando entender sua decisão e, eventualmente, dissuadi-lo desta. Em outras palavras, que aqui transferirei para as minhas, disse Sábato aos colegas que se havia cansado de "sobreísmos"; a história discorre *sobre*, a filosofia idem, a teologia é *sobreísta* e mesmo a ciência elabora laudos *sobre*. Diferentemente as artes, e dentre estas a literatura, não lidam com sobreísmos, mas, no âmbito de um universo humano que freme, a literatura *cria* mundos que podem ser surpreendentes e ricos.

Como queria, na força de sua personalidade, assim fez, alcançando extraordinário renome em sua contida ficção, bem como em suas obras ensaísticas. Nos últimos anos da vida do escritor e pintor, foi considerado o mais importante autor de língua espanhola. Narro isto por considerar uma notavelmente forte decisão de vida, já que estamos tratando de sentidos construídos com decisão e escolha. Em seus anos finais de vida terrestre, estando eu e minha família em Buenos Aires, pude adquirir notável obra dele publicada por volta dos seus 90 anos, intitulada *La resistencia* (2004). Há muito não me encantava tanto com textos e ideias tão lúcidos, produzidos por criatura muito idosa.

Sem indicar nomes, Sábato põe-nos ante as tristes figuras desses indivíduos amolecidos, de um niilismo parvo ante as dificuldades mais atuais. Para escrever sobre força humana esperançosa e nada ingênua, o autor destas páginas não poderia deixar de homenagear esse ser intenso – como cientista, como escritor, como pintor, como pensador – o qual tanto impacto e admiração precisa seguir produzindo nos dias atuais.

Viver com sentido foi o que Sábato nos exemplificou no global de sua obra (até mesmo em suas pretéritas participações políticas). Por fim, quero destacar o gigantesco livro autobiográfico intitulado *Antes do fim – memórias* (2000).

Sempre existirão semelhantes nossos à deriva pelo mundo; uns, (talvez os mais respeitáveis) não conseguiram, embora esforçando-se, construir importante sentido para sua existência; mas outros (talvez os mais lamentáveis) entendendo haver certo descaso "elegante" em um niilismo mais exibicionista do que rico de convicção. Mas, muito felizmente, existirão também criaturas cuja intensa personalidade, ainda que nem de longe conte com os dotes artísticos, científicos ou outros de um Ernesto Sábato, haverão de pôr-se nas primeiras fileiras da luta por um mundo mais justo e bom.

Concluindo...

Confesso ser intencionalmente que venho, em meus silêncios (como também nestas páginas) repetindo a exortação latina "*Contra speam, spes*"; reconhecendo, todavia, as reais vicissitudes que a humanidade atual tem enfrentado. Ocorre que, para mim, tem sido não apenas difícil, mas impossível aceitar que, transcorridos centenas de milênios da nossa presença humana na Terra, justamente agora tenha chegado o momento de capitulação: hora de "depor as armas". Sem dúvida, como diz a palavra bíblica, "O machado está posto às raízes das árvores". Mas estas são palavras de advertência, não de anúncio do encerramento da vida, conquanto escritas já há muitíssimo tempo; no entanto, como vimos na segunda parte deste capítulo, desde então muito está historicamente registrado em progressos humanos também. Além do que, está dito nas mesmas Escrituras que mil anos são como um dia, para o Criador. Haveremos de sempre respeitar a descrença de tantos em um Criador; mas, da praia, olho para o mar e me pergunto: seria eu capaz de ter feito estas águas? Atravessando a Cordilheira dos Andes em viagens que fiz, perguntei-me o mesmo. Algum semelhante meu poderia ter erguido o Himalaia? Sempre a resposta íntima é negativa. Ora, como sou fiel ao princípio de que não podem existir *efeitos* sem *causas* (Causa Suprema ou, como preferiria Aristóteles, Motor Imóvel), reservo-me, muito pessoal e discretamente, o crer na imensidão dessa Causa, a qual costumo denominar O Criador.

A diversidade é fundamento de beleza em nosso mundo, mormente no mundo humano. Assim, muitas vezes cerco-me de pessoas absolutamente descrentes às quais espontaneamente dedico o melhor de meu respeito e de minha amizade.

É nesse esforço de apreciar as sombras e as luzes do meu viver, que vejo em mim a "síntese de opostos", as "crises e esperanças" – e as louvo. Ousando mais livre tradução de *Contra speam, spes* penso em "Esperança, contra toda desesperança" e, então, reverencio a exortação dos latinos, e não quero – ou ao menos: não posso – entoar a ladainha dos desistidos. Volto ao filósofo Rubem Alves que, ao se perguntar no que consiste a esperança, escreve:

> É o *pressentimento* de que *a imaginação* é *mais real* e que *a realidade é menos real do que parece* (1976, p. 219).

V
Esperança demencial: boa teimosia

Temos feito a jornada das páginas deste livro sem escolhermos indevidamente o que vermos pelo caminho, mas buscando apreciar o que a existência mostra, atentando para o sim e para o não – alertas à totalidade desse emaranhado chamado *vida*. Afinal, se esta fosse feita de puros sorrisos teríamos dificuldade de levá-la a sério, de vez que seu impacto esteja em um certo equilíbrio entre sorrisos e lágrimas. É na consideração desse todo que a esperança mostra os primeiros coloridos de uma alvorada.

Nas bibliotecas e pinacotecas do viver, encontramos escritores e artistas capazes de compor cenas indispensáveis de preocupação, bem como outros criam muito belas cenas de esperança. Caminhando, observando e apreciando as artes da vida – todas elas! – é que nos livramos dos perigos da candura e da ingenuidade, que podem prender-nos como armadilhas. O urbanista de língua francesa Robert Auzelle, fixando olhar analítico sobre as grandes cidades do mundo atual, vê nessas urbes os seguintes espaços: a) *espaços depressivos*, aqueles sujos e abandonados e, por isto, tristes, em razão de sua exploração desisteressar aos que são legalmente seus possuidores; b) *espaços agressivos*, ou com ruas estreitas demais em benefício do tráfego de máquinas, muitas vezes dotadas de vasta aparelhagem de propaganda a esbanjar sons e ruídos, agredindo os sentidos humanos de múltiplas maneiras, com anúncios luminosos e cartazes. Também as ruas muito largas que os pedestres temem atravessar. Mas Auzelle prossegue elencando c) *espaços depreciativos,* os que se contrapõem aos valorativos, isto é: na medida em que habitar certo lugar dá prestígio, não acontece igual com desdotados que moram em lugares que os depreciam socialmente. E, ainda, d) *espaços absurdos*, nos quais qualquer coisa infeliz pode ocorrer a qualquer momento (MORAIS, 1978).

Ainda que, eventualmente, o elenco de Auzelle não esteja completo, não podemos deixar de considerá-lo. É alguém de grande competência a apontar-nos as falhas atuais das concentrações urbanas. Assim como, de forma mais impactante, o jornalista Gilberto Amêndola demonstra a desvalorização da vida humana, com seu pequeno e importante livro *Assassinatos sem nenhuma importância* (2005).

Da mesma forma, contamos com grandes estudiosos que escrevem acerca de instituições indispensáveis às sociedades; sobre figuras humanas apaixonantes (como Gandhi, Rabindranath Tagore, Albert Schweitzer, Irmã Dulce da Bahia, e outras). Dir-se-á: estas últimas sim, são leituras edificantes! Pois digo eu, utilizando termos do episcopado latino-americano: os textos de *denúncia* e os de *anúncio* são ambos muito importantes e positivos em nossa formação de cidadania.

Neste capítulo, então, (como, de resto, desde o primeiro deste livro) continuarei voltado para a realidade dialética, para a dinâmica dual do nosso viver. Não só de desesperos uma análise reflexiva pode ser feita, como também nem só de esperanças delirantes e sem fundamentação. Prossigamos!

1 Transformações apenas? Ou deserções?

Nos primeiros anos do século XX, em célebre livro de ensaios intitulado *Visão filosófica do mundo*, Max Scheler – um tanto atônito com as rápidas transformações sociais – falava de *deserções* do homem contemporâneo. Era uma análise ampla sobre as fases históricas da trajetória humana, e, como leitor, assustei-me com a afirmação de que o homem (de forma constante e também atual) "é um desertor da vida". Por quê? Por aceitar cada vez mais o que o filósofo denominou "substitutos do viver" (SCHELER, 1986).

O presente autor, na ocasião viajando pelos caminhos do seu próprio pensamento, pôs-se a refletir sobre fatos que, no início do século recém-findo conturbavam as mentes mais conscientes. Como por exemplos: a substituição de viver com a Natureza pelas suas contrafações (fotográficas, televisivas ou de drogas químicas que imitam sabores ou odores); também a troca, por parte da mentalidade burocrática, da afetividade – que é precioso sentimento humano – pela gentileza, que muitas vezes não passa de teatralização social. A substituição da honorabilidade pelas certificações e garantias cartoriais. E, talvez a capitulação mais grave que é o fato de deixarmos a fecunda produção de bens sociais em prol de uma especulação predatória – sempre egoica. Isto provoca a desistência, sobretudo em jovens, dos mais preciosos valores. Assim, venho refletindo, por décadas, acerca do que é apontado como deserção da vida.

Essas coisas comentadas no início do século XX, acentuam-se nestes primeiros anos do XXI de tal modo que as dificuldades socioculturais se têm tornado enormes.

Escreve o filósofo Rubem Alves na já citada obra *Tomorrow's Child:*

> Vivemos nas entranhas de um monstro. Fumaça, velocidade, ruído, letreiros luminosos, a tirania dos relógios, as pressões da produção e do consumo, a imperiosa necessidade de êxito, os testes atômicos: este é o nosso mundo (ALVES, 1973, p. 155; trad. livre).

Pois quase 40 anos depois, Ernesto Sábato, ainda que defendendo a capacidade humana de *resistência*, escreveu não muito diversamente de Alves, de vez que ambos esses autores com olhos bem abertos para nossas dificuldades, sempre advogaram a possibilidade de que as coisas, ora difíceis, pudessem ser mudadas. Leiamos também o grande ensaísta argentino.

> O pior é a vertigem. Na vertigem não nascem frutos nem nada floresce. O que é próprio desse desfalecimento é o medo, o homem adquire um comportamento de

> robô, já não é responsável, já não é livre, nem reconhece aos demais. [...] O homem não se pode manter nessa velocidade. Se vive como autômata será aniquilado. A serenidade, uma certa lentidão, é tão inseparável da vida do homem como o suceder das estações o é para as plantas, ou para o nascimento dos bebês (SÁBATO, 2004, p. 149-150; trad. livre).

Mas Sábato equilibra seu pensar lembrando que, se mesmo transidos de um medo que nos paralisa, voltássemos a ter fé nos seres humanos, convictos de que poderemos superar essa resignação que nos debilita e nos faz acovardados, isto teria força salvadora. Pois, a permanecer, a humanidade pós-moderna, incapaz de profundas experiências como o amor e a solidariedade, dificilmente poderá redimir-se (SÁBATO, 2004, p. 153-154). Nas palavras do próprio Sábato:

> A história é o maior conjunto de aberrações, guerras, perseguições, torturas e injustiças, *mas, ao mesmo tempo ela é uma terra sobre a qual milhões de homens e mulheres se sacrificam para cuidar da vida dos demais. Eles encarnam a resistência* (SÁBATO, 2004, p. 156; grifos meus).

Diz o ensaísta em foco, que os seres humanos sabem transformar os obstáculos em caminhos novos, porque à vida basta uma fresta para renascer (SÁBATO, 2004, p. 158). E Sábato arremata o seu pensamento de forma emocionante ao dizer "O mundo nada pode contra um homem que canta na miséria" (p. 158). Ora, ao lermos ou relermos o livro bíblico de Jó, sentiremos a imensa verdade desta última citação.

Ora, os desertores do viver, para onde fogem? Como diria Pascal, para o puro divertimento vazio? Ou tal fuga não passará de uma morte em vida, um féretro que ri de sua própria nadificação? De que valerá viver décadas que não valem um dia? Se formos ao fundo de nós, plenos de idealismo e de boa vontade, à semelhança do grande Teilhard de Chardin, em pleno escuro haveremos de ouvir voz firme e suave a dizer: "Não temas, sou Eu". A própria palavra *transformar* aconselha a que tentemos, com todo o nosso potencial, novas "formas de vida". A vida tem várias faces que podemos considerar. Há faces filosóficas, religiosas, científicas, ético-morais e outras; só não pomos em ação convergente essas faces se previamente desprezamos o potencial que há em todo ser pleno de boa vontade e decisão.

Há coisas que a vida faculta ao entendimento das consciências dispostas. Se nos deixamos encarcerar pelo ter, pelo exibir, pelo fazer de nossos dias não mais do que jogos de esperteza, estamos satisfazendo-nos em ser mais um irracional, isto é, um mero prisioneiro do momentâneo.

Repitamos, neste passo, uma frase inesquecível dita a este autor pelo sempre saudoso Dr. Alceu Amoroso Lima, (o Tristão de Athayde), quando eu disse ao Dr. Alceu – com quase lamúria: "Dr. Alceu, educar é difícil demais!" E aquele sábio, olhando-me com quase piedade, advertiu: "Professor, o fácil é fácil; difícil mesmo, só o difícil. E este é que deve encantar os corações generosos". Era uma tarde chuvarenta na qual tivemos longa prosa. Peguei uma das mãos do velho mestre e só pude dizer-lhe: "O senhor nunca avaliará o tamanho do meu agradecimento por essa sua advertência".

Pois Dr. Alceu disse-me mais: "Eu, um jovem privilegiado que em França fiz cursos com Henri Bergson; que tinha feito parte dos meus estudos em França, estava hospedado, em Veneza, no Hotel Daniel. Vivia, no entanto, fase muito difícil de minha vida emocional. De angústia em angústia, adiei minha autodestruição e vim ao Brasil. Foi quando conheci Maria Tereza, a esposa de décadas e décadas já recém-falecida que foi sempre o sol da minha vida. Casados, pus-me como norma enfrentar todas e quaisquer dificuldades com uma coragem humilde. Eis por que, agora, à beira dos meus 90 anos, penso que a maior debilidade é não aceitar e enfrentar quaisquer dificuldades; razão de lhe ter dito, professor, o que disse: que o fácil é fácil, e difícil mesmo só o é o difícil..." Para o autor destas páginas, era como música-das-esferas ouvir, na tarde de chuva, o sábio velho mestre.

2 Nosso Brasil varonil, de céu de anil...

Adianto, convictamente, toda a esperança que o nosso país em mim mantém acesa, apesar das acachapantes vicissitudes nas quais uma elite historicamente corrupta pôs o Brasil nestes anos iniciais do século XXI; afinal, viajando por nossas plagas tenho conhecido muitíssimo mais pessoas decentes e de bem (muitas vezes vitimadas!) do que essas figuras subumanas do lamaçal. Uso palavra assim dura por lembrar-me de que eu tinha 14 anos de idade quando Getúlio Vargas tornou histórica a expressão "mar de lama", que já emperrava o destino de nosso país.

Vivemos em uma terra verdadeiramente rica e, no entanto, pejada de misérias; afinal, nossas classes dirigentes estão entre as coisas mais lamentáveis que se pode ter no mundo. Temos um país rico de minérios, que acolhe o maior rebanho bovino do planeta, que detém 48% da água potável do mundo, que, se devidamente apoiada, exibiria uma produção agrícola formidável etc. Mas não podemos nos esquecer que 2% dos brasileiros detém 60% do Produto Interno Bruto (PIB) e ao longo da história tem exibido um comportamento cruel para com as classes menos favorecidas. Não por mero acaso forçamos uma escravidão indígena com pífios resultados, substituída por escravos africanos durante aproximadamente 360 anos – coisa que até estes dias se reflete em um cínico racismo.

De todo modo, constituímos um país *adolescente*, pois enquanto setores asiáticos e europeus, como exemplos, são organizadamente habitados há milhares de anos (França com 2.500 anos e outros), o Brasil (*colonizado*) tem menos de 500 anos. E desde o princípio da colonização as classes dirigentes exerceram sua má vontade sobre os povos desdotados.

Neste momento histórico (ano de 2017), estamos, graças a ações jurídicas, começando a entender melhor como um país rico como o Brasil enfrenta a pior, (sim, talvez a pior) crise de sua história. Mas, aquele setor que o antropólogo Darcy Ribeiro chamava de *patriciado* (a gente importante e autoritária), vai deixando formarem lamentáveis conglomerados burocráticos capazes de criar o inimaginável para que nosso país seja tido, mundo afora, como uma *piada*.

Veja-se (apenas por um exemplo) uma reforma governamentalmente autorizada, a buscar influir sobre a educação argumentando que essa coisa de CERTO e ERRADO deve ser banida do nosso idioma nas escolas. Passam a importar o

ADEQUADO e O INADEQUADO, os quais poderão vir a dispensar nas escolas nossa bela língua portuguesa clássica. Exemplificando: se você diz "nóis vai" – e isto cumpre o que você queria dizer e, também, é entendido por aquele a quem você se dirigiu, por que preocupar-se com o correto e sonoro "nós vamos"? – o que é preocupação antiga, ultrapassada. A língua culta só precisará ser usada em documentos escritos e de responsabilidade. São uns burocratas de mau caráter, querendo sacramentar o que, outrora, já fora estragado pelos seus antepassados – com seu menosprezo pela gente mais humilde.

Onde estão os acadêmicos de nossa pátria – os das universidades e os das academias de letras – cuja voz ainda não se levantou ante a barbárie de propostas assim aberracionais? Realmente propostas que se parecem a coisas de adolescentes desnorteados!

Mares de corrupção, mares de lama e de besteiras, mas... calma! Não nos fixemos apenas nas coisas negativas desta pátria tão nova. Se não fosse excessivo, este autor poderia relacionar uns 30 nomes de brasileiros que deram os dias de sua vida ao engrandecimento e à felicitação do Brasil. Todavia, embora momentos raros de explosão, não quero fazer, com estas páginas, um livro de discussões. Embora tenha saído algumas vezes do nosso país, lembro de minha alegria enorme ao voltar. Não gosto de pensar em um *Brasil varonil* (másculo), mas sempre amei o seu céu tropical cor de anil e o jeito espontâneo – nada estudado e ensaiado – de muito grande parte do seu povo.

Vivemos delicado segmento histórico de *denúncias*, de ações policiais e jurídicas e, para este autor, tais denúncias se desenham, contra o céu de anil, como abençoados *anúncios*. Sinto, mais e mais, que nenhuma hora é hora de desistir. *La resistencia*... a resistência de Ernesto Sábato, só nela penso e nela ponho minhas esperanças. Tudo ainda está se fazendo, neste nosso rincão, como em todo o mundo. Nosso rincão que, como visto, tem ainda poucos séculos de idade nas condições de Colônia, Império e República, como vimos já fez dificílimos caminhos de aprendizagem; tivemos áspera colonização, Império melhor um pouco mas nem sempre socialmente justo, de vez que a dura escravidão negra atravessou-o por inteiro, como já visto, por bem mais de 300 anos. Somos país novo que veio sofrendo revezes históricos, como a semi-ditadura do Marechal Floriano Peixoto, as revoluções de 1930 e 1932; logo a seguir a ditadura do Estado Novo – um "Estado novo" que já nascera caquético – e, em meados do século XX, a ditadura militar atroz (1964-1985), uma ditadura quase que em parceria com os Estados Unidos da América, os quais quiseram, a todo custo, amordaçar a América Latina.

Em 1985 dá-se uma retomada *sedizente* democrática, com momentos melhores e fases ridículas até os dias atuais. Ora um neoliberalismo a meias, isto é, um tanto descaracterizado, ora um pseudoesquerdismo de pleno direitismo comportamental. Então veja-se, o "menino Brasil", por mais difícil que seja percebê-lo, ainda está no começo de sua real trajetória. Assim, sem ímpetos de futurição ou adivinhação, nutro particularmente cromática esperança em nosso país; acalentando sempre as palavras do Rei Salomão segundo as quais tudo tem seu tempo determinado e nada acontecerá antes do tempo aprazado por Deus (Eclesiastes). Ensinou o rei sábio que há o tempo de plantar e o tempo de colher, o tempo de chorar e o de rir... porque nada ocorre fora do tempo divinamente aprazado.

É claro que agnósticos e ateus perguntarão: Por que levar-se a sério tais ensinamentos? E eu não lhes responderei, pois não estarão sendo respeitadores das convicções deste companheiro de jornada existencial. Nós, brasileiros, temos bons fundamentos materiais; o que nunca, em seu todo, tivemos de alta qualidade foi aquilo que chamamos *educação social*, porque as classes dirigentes e seus burocratas nunca quiseram educar os mais humildes. Como dizia o já bem-intencionado Ernesto Sábato, vale a pena termos esperança, mesmo que para muitos aparente ser uma *esperança demencial*.

Bem, já alongamos devidamente nossas considerações sobre nossa pátria. Este autor não exige, em absoluto, que concordem com elas; apenas pede que se reflita bem sobre tais considerações.

3 Nosso mundo, vasto mundo... e o pensamento utópico – Uma abertura teimosa

O utopismo, ao contrário do que opinam seus detratores, é ousada e insistente abertura de pensamento com relação ao porvir. Penso ser ainda mais ousado o pensar que o "nosso mundo, vasto mundo" (no dizer do poeta Drummond), seja como algo que já esteja acabado, nada mais pode prometer. Devemos certa fidelidade ao que nos tem noticiado a história – esse caminho ao mesmo tempo inteiriço e segmentado.

À época (séc. XVI) diziam quase todos que Cristóvão Colombo acreditava no inacreditável, ou apostava em delírios; e Colombo acabou por descobrir um novo continente, o qual de início pareceu uma ilha mas logo se viu que era muito mais do que isso. Pois, séculos depois o Dr. Alexander Fleming jamais imaginou que iria chegar a um antibiótico (a penicilina) de modo tão acidental, casual mesmo em seu laboratório. Do mesmo modo, o Kaiser Guilherme II estava absolutamente certo de que as forças prussianas e germânicas se fariam donas da Europa; e, depois desta, sabe-se lá de que mais seriam donas!

Aproximadamente duas décadas depois, Hitler jamais aceitaria que o nazismo fosse terminar como um triste e sujo episódio de derrota. E nisto terminou: desumanidade, sujeira e imensa destruição – mesmo para os seus aliados. Após inaudito sofrimento que também sofreu o povo alemão após a Segunda Guerra, esse povo, de início, teve imensa dificuldade de acreditar no que viria a ser conhecido como o "Milagre Adenauer", e a espatifada Alemanha foi reerguida.

Durante mais, bem mais, de meio século, a autocracia soviética seguiu – com *gulags* e tudo! – e nem os mais argutos comentaristas políticos suspeitaram, ao ponto de anunciarem, o brusco desabamento soviético ocorrido na década de 1980. Antes, quem imaginaria que as mega-forças armadas estadunidenses seriam encurraladas, e mesmo derrotadas, pelos *vietcongs*, e do Vietnã sairiam cabisbaixas? Isto lá atrás, nas décadas de 1960-1970?

É então que, com reverência, damos razão a Gilbert K. Chesterton e a Robert Musil. Acerca de Chesterton, o imprevisto como "lei fundamental da história humana", já advertimos páginas atrás. Vale, neste ponto, transcrevermos breve texto de Musil, da sua obra publicada originalmente em 1930 *L'uomo senza qualità* [O homem sem qualidades] (1957):

> O caminho da história não é o de uma bola de bilhar, que segue uma inflexível lei causal; assemelha-se mais ao de uma nuvem, ao de quem segue perambulando pelas ruas e se distrai ou com uma sombra, ou mais para a frente com um grupo de pessoas, ou mesmo com o espetáculo de uma praça barroca, e por fim chega a certo lugar que não conhecia e aonde não pretendia ir (trad. livre).

Divergindo do filósofo Paolo Rossi, penso eu que o conceito de *episteme* (ou de matriz epistêmica) deve sim ser mantido desde que o entendamos devidamente: como um sistema vetorial que aponta para variadas direções, mas sempre com a possibilidade de se chegar a um **vetor resultante**; episteme como a "estrutura inconsciente de cada fase sociocultural", a qual se configura e depois, no ritmo histórico, se desfigura e muda. Como já mencionamos, é a história uma continuidade descontínua, como a estuda Michel Foucault ao longo de suas obras filosóficas.

Pois bem. O estado humano de satisfação e vida pacificada é, obviamente, ótimo. Ele comumente dependerá tanto da exterioridade quanto da interioridade das pessoas; isto é: de como o contexto sociocultural trata a cidadania, e de como o complexo desenvolvimento – mormente o infantojuvenil – pôde construir as personalidades adultas. Países como, por exemplos, Finlândia e Noruega, exibem um trato imensamente responsável dado aos seus cidadãos. Porém, soubemos por pessoas que – ainda que temporariamente – viveram em tais plagas, que nelas há também humanos infelicitados, principalmente por razões psíquicas, cuja variedade é inevitável.

Como, no momento da escritura destas páginas, são muito mais numerosas as regiões culturais em crise e sofrimento, é preciso termos em conta que, à parte desequilibrados, e seres socialmente alienados que se mostram pusilânimes e sem ação, os demais sofredores se sentem conscientemente desafiados e com extraordinária coragem para que busquem, pessoal ou grupalmente, melhorar as coisas. E nem nos referimos aqui a procedimentos heroicamente espetaculosos. Neste passo falamos em retidão e honestidade de vida; falamos em responsabilidade real para com o seu tempo e seu mundo. Em muitos setores sociais, passando inclusive por familiares deste autor dos quais se orgulha, tem ele muitas e significativas vezes encontrado seres humanos de inequívoco valor. São os que vivem as crises conscientemente e, seu dia a dia, claramente contribui para superá-las. Homens e mulheres preciosos em sua preciosa espontaneidade sã. Os débeis e os de má vontade, põem-se a reclamar e a lançar culpas, reais e imaginárias, mas indispostos aos procederes que sua realidade mais ampla lhes pede.

O grande mestre Confúcio, na sua obra intitulada *Os analectos* (XV, 16), distribui sua sabedoria escrevendo:

> Aquele que não vive a perguntar: que hei de fazer? Que hei de fazer? Na verdade não sei o que haveria de fazer com semelhante indivíduo.

Ora, nenhuma novidade pomos no dizer que existir é, em grande medida, enfrentar desafios. Mas os desafios da vida não se põem a nós para que apenas nos irritemos e choraminguemos. Seja-nos permitida a repetição.

Seja-me permitido retomar um texto excelente (já abordado) do filósofo Rubem Alves (1972, p. 194), escrito da época em que Alves estava morando nos Estados Unidos.

> Que é esperança?
>
> É o *pressentimento* de que *a imaginação é mais real*, e que a *realidade é menos real* do que parece. [...] Que as fronteiras do possível não ficam determinadas pelos limites do atual...

Pressentimento – Termo que deve chamar nossa atenção; embora não mais do que pressentimento, chama-nos à ação de experimentar, embora pressentimentos não possam ser impostos como coisas necessariamente certas. São primeiras luzes de um amanhecer que se promete, podendo o dia vir a ser fulgurante ou mais nebuloso. No entanto, cumpre-nos viver suas horas que, primeiro, se oferecem nas montanhas do existir.

Repitamos teimosamente Heidegger: "É na crise que o pensamento se agiganta". E, o que é melhor, agiganta-se contra usuais figuras nanicas que se têm na conta de portentosas.

Conclusão

Além de tantos anteriores, se não houvesse esperança não teria existido Francis Bacon já no mundo moderno, em seus escritos filosóficos elencando nada menos do que 21 razões para *não* desesperar. Não teria existido, como vimos, um Cristóvão Colombo, com suas esperanças continentais. Tampouco teria impressionado o mundo (desde o século XVIII até hoje) um Immanuel Kant demonstrando que, conquanto a paz não fosse um estado natural para os homens, ela poderia ser *construída* como *Paz perpétua*. O mundo sentiria a falta de um São Bernardo de Claraval, a pregar e praticar o "mandamento áureo" dos Evangelhos, como sentiria enorme falta de um São Francisco de Assis (o cantor do amor e da paz, também na Idade Média). E, dando grande salto histórico, não teríamos nos abeberado, no Mundo Contemporâneo, de um Ernst Bloch e de um Paolo Rossi, este último tendo belamente se despedido da vida material com o belo livro *Esperanças* (2013).

E têm sido tantos os outros que, mesmo ante tantas vicissitudes, nunca "depuseram as armas" em sua luta de fé nas possibilidades humanas. Todos pediram mil cuidados em relação a otimismos ingênuos, que consideravam paralisantes quando não perigosos mesmo, mas sem aceitarem capitulações covardes. Em meados do século XX, o inesquecível Papa João XXIII comoveu nosso mundo com a encíclica vaticana *Pacen in Terris*, tocando as almas mais sensíveis, católicas ou não, com sua mensagem de pacificação; seguindo-se ao citado papa, o Cardeal Montini, que foi o Papa Paulo VI promulgou a Constituição Pastoral *Gaudium et Spes* [Alegria e esperança], palavras que iluminavam a humanidade em meio a desentendimentos e guerras difíceis. No meio protestante, o Pastor Billy Graham comoveu os públicos de muitos países com seu livro intitulado *Paz com Deus* (1958). O atual papa, Francisco, que sempre dispensa elogios à sua pessoa, mostra agora a mesma estatura e densa cultura de um João XXIII e de um Paulo VI. É assim que o rabino-escritor Aron Barth banha de sabedoria a humanidade, especialmente, com sua obra *Valores permanentes do judaísmo* (especialmente com o capítulo intitulado "Para onde vai a nossa geração?").

Como se vê, não têm faltado pensadores esperançosos, desde arreligiosos como Ernst Bloch e Paolo Rossi e profundos investigadores da teologia. Todavia, aí está – como sempre esteve – o livre arbítrio; se preferirmos encruzar os braços e declararmo-nos niilistas, permanece a liberdade sobre as nossas decisões. Apenas tal liberdade não haverá para as consequências delas.

As palavras globalmente conclusivas desde modesto livro não serão do autor dos seus capítulos. Prefiro que deixe artística e sabiamente falar o extraordinário escritor e poeta do Reino Unido Rudyard Kipling, o qual iluminou a segunda metade do século XIX e a primeira do século XX.

Darei breves informações sobre o poeta, em seguida de transcrever seus versos de suprema beleza e sabedoria.

Reflexões conclusivas

Como é óbvio, só o imperfeito precisa ser aperfeiçoado. Após a quantidade de equívocos e perversidades que marcaram o século XX, como haveríamos de estar agora (em 2017) vivendo um momento não preocupante e nem mesmo assustador?

Como consequência da Segunda Grande Guerra, a dinâmica mundial teve que enfrentar coisas como:

a) A bipolarização do poder no mundo, que se configurou entre o socialismo da União Soviética e o imperialismo capitalista capitaneado pelos Estados Unidos da América. Cada polo apoiado por seus países satélites.

b) Consequente Guerra Fria, a qual parece ter chegado a expressões altíssimas – quando a tecnociência norte-americana, como vimos, pisou solo lunar. Antes, (período de Kruchev e John Kennedy), tudo esteve ameaçado pelos históricos mísseis soviéticos instalados em Cuba, apontados para os Estados Unidos.

c) Delirante corrida armamentista entre os dois polos de poder.

d) O pesquisador William Eckhardt, em sua obra *Civilizations, Empires and Wars*, ao final do século recém-findo, demonstrava ser o século XX responsável por 73,2% das mortes por guerra dos últimos 5.000 anos.

e) Aproximadamente nas décadas de 1970 e 1980, dá-se a reestruturação *maior* do crime organizado, passando este a contar com 19 máfias apoiadas por fina tecnologia.

f) Ao que consta, no século em foco, registraram-se 13 genocídios.

g) A mais, uma pseudoglobalização injusta, pois que mantenedora (e aprofundadora) das diferenças sociais entre nações.

h) Para não irmos demasiado longe, vale focalizarmos uma vez mais o avassalamento da *sociedade consumista*, com sua enorme capacidade de esvaziamentos éticos.

Já em 1952, pronunciando conferência no Carnegie Hall de Nova York, Martin Buber usou o tema: "Esperança para esta hora" (BUBER, 2004).

Assim, nós, neste início de século XXI, embora cansados, humanamente empobrecidos, embora descrentes, nada haverá de acrescentar a este instante qualquer desânimo.

Levemos em conta que intelectuais históricos como Ernst Bloch, Emil Fackenheim, Paolo Rossi, Paulo Freire, Jürgen Moltmann, Pierre Furter, e outros, não decorrido muito tempo da Segunda Grande Guerra, uniram-se em um movimento algumas vezes denominado "escola da esperança". De modo um pouco mais brando, no entanto firme, juntaram-se pensadores dos portes de Martin Buber e de Gabriel Marcel (este último no seu célebre *Homo viator*, 1944).

No devido clima de liberdade, niilistas e desesperantistas – como o ensaísta romeno Emil Cioram, desconfiaram *do* ou contestaram *o* movimento de esperança. Mas a volumosa e notável obra de Ernst Bloch marcou, e até hoje marca, a inutilidade das negatividades. Segundo Bloch, começamos sofridamente vivendo *carências*; estas normalmente fazem-nos evoluir para *desejos*; estes levam-nos a *aspirações*, as quais fazem desabrochar em nós *paixões e vontades* – e tudo isto, em seu dinamismo, ilumina-nos para *planejamentos*. Os mencionados não são passos iguais, mas progressivos. Moltmann opina que, alimentados por experiências que, em boa parte devem ser negadas (passado e presente), abrimo-nos para as esperanças – do contrário simplesmente morremos em vida.

Nada sabemos sobre o futuro, e nem se trata, como já visto, de cultivarmos desejos fantasiosos. Apenas, na óbvia incompletude do mundo, uma vez mais é o caso de buscarmos possibilidades concretas. Nietzsche dizia às vezes desconfiar que o lamaçal do pessimismo podia, quando muito, conduzir à autodestruição. Ele, na verdade, nunca pôde fazer as pazes com o viver.

Normalmente o presente autor recorda, neste passo, o Rubem Alves das décadas de 1960-1970 – bem anteriores às enfermidades que o levaram de nós, propriamente em seu período estadunidense, Alves encantou o mundo leitor principalmente com suas brilhantes obras *A theology of human hope* e (filosoficamente) *Tomorrow's child – imagination, creativity and the rebirth of the culture*; discorreu magnificamente, como vimos, sobre a força da esperança, bem como acerca da inutilidade dos pessimismos; sem dúvida, suas forças textuais vinham marcadas de forte investimento nas inquietações produtivas. Somos levados à doce lembrança de Santo Agostinho (séc. IV e V d.C.) o qual, talvez com leve diferença de palavras, dizia valer mais um coxo a caminho do que um atleta acocorado à sombra de uma árvore.

J. Ortega y Gasset, em sua obra intitulada *Meditação sobre a técnica* (1957), põe algumas hipóteses para nossa "mundanidade"; a primeira seria a de que o mundo apresentaria aos humanos apenas facilidades. Anotei, em meu livro *Filosofia do diálogo* (2001):

> Numa situação como essa, o ser do homem coincidiria inteiramente com o ser do mundo, o que impediria a identificação de ambos.

Uma hipótese como esta não poderia condizer com o que de fato vivemos. Outra hipótese de Ortega y Gasset é a de que o mundo só apresentaria a nós dificuldades, e aí o ser humano não sobreviveria; uma hipótese muito esmagadora. Até que o filósofo e literato espanhol levanta a hipótese positiva, isto é, nosso mundo apresenta a todos nós um imenso misto de facilidades e de dificuldades. Ora, tanto facilidades quanto dificuldades desafiam o homem e o chamam para alguma forma de criatividade. Escreve Ortega y Gasset:

> [...] à pedra lhe é dada sua existência; ela não tem que lutar para ser o que é: pedra na paisagem. Mas para o homem, existir é ter que combater incessantemente com as dificuldades que o entorno lhe oferece; portanto, é ter que fazer, à cada momento, sua própria existência [...] Esta ele a tem

> que conquistar minuto após minuto: o homem, não só economicamente, senão que também metafisicamente, tem que *ganhar* a vida (1957, p. 37-38).

O *texto* (i. é: o tecido) de nosso existir, em boa medida é conquistado por nós. Condicionados somos; determinados não somos, como já visto, o que aboliria o livre arbítrio, ainda que relativo, de que fomos dotados.

Há três afirmações de Heidegger que precisam ser bem entendidas, sob pena de que as subaproveitemos, sempre em nossa compreensão do humano. São visões mediante as quais parece-nos que vejamos melhor qualquer aspecto que diga respeito à realidade humana.

Martin Heidegger enuncia, por primeiro, que "o homem é um ser-no-mundo". Se traídos pela superficialidade, entenderemos rasamente que o filósofo tão só localiza geográfica e geologicamente o posto material do ser humano no cosmo. Mas, indo-se devidamente mais a fundo, ver-se-á que todo um planeta foi meticulosamente preparado para acolher os humanos. Exemplos: planeta abastecido de oxigênio, distando cento e cinquenta milhões de quilômetros da estrela solar, pois que se fossem 160 milhões de quilômetros o congelamento nos extinguiria, e se 140 milhões todos os animais – dentre todos, os seres humanos – já teriam sido incinerados. Planeta Terra constituído de 71% de água, e o corpo humano precisando sobreviver com 71% de água (em líquidos diversos); bem como com a pressão atmosférica exatamente suportável por animais e animais humanos. Corpo celeste rico de alimentos vegetais e animais; e, assim, desenvolvido para que neste, em dado momento, se desse o que Teilhard de Chardin chamou de *antropogênese* (o "passo da reflexão"). Planeta dotado de uma global natureza que, ao mesmo tempo, encanta e desafia os seres humanos, pintando-lhes, à percepção, POEMAS.

Mas, prossegue o filósofo afirmando: "o homem é um ser-*com*-o mundo", agora evidenciando (com *com-o*) a necessária *comunhão* dos humanos com os tantos aspectos sedutores e educativos encontráveis em seu *habitat* total. E chega, Heidegger, ao ponto mais alto de suas enunciações dizendo: "o homem é um ser-*pelo-outro*" (*outro* que aqui deve ser pensado como *outrem* – outro alguém). Ainda que não nasçamos especializados para a vida social, como nascem as térmitas, as abelhas etc., termos conquistado a socialização tem sido nosso maior feito – ainda que às vezes perigoso. J.-Y. Jolif, filósofo dedicado à temática da alteridade e da dialogia, observa (acerca das relações inter-humanas):

> Para compreendermos corretamente a categoria da Alteridade, não podemos considerar o outro como um segundo momento. Ao contrário, é preciso reconhecê-lo e situá-lo desde o primeiro momento, ou melhor, conceber um único momento, que contenha uma real dualidade (humana). Longe, pois, de estabelecer o ser humano independentemente da Alteridade – o que só é possível a uma abstração plenamente consciente – devemos reconhecê-lo como a Alteridade (JOLIF, 1970, p. 165).

Temos repetido ser, a história, um processo que se tem mostrado continuidade descontínua por ter mostrado, por milhares de anos, a básica faina humana por viver, mas atravessando fases enormemente distintas – tão diferentes que receberam diferentes nomes. Logo, não ser correto imaginarmos que as dificuldades enfrentadas atualmente sejam definitivas. Tais dificuldades podem piorar? Podem sim. Mas, aprofundando-nos em estudos históricos, não será difícil constatarmos que a lei de progresso e evolução tem exibido uma linha ascensional, mostrando o quanto principiamos precarissimamente e, como atrás observamos, entre êxitos e descalabros, continuando tendo dificuldades, em muitos aspectos – em matéria bruta, em sensibilidade, em tecnociência etc. – mesmo assim estamos bem mais evoluídos. Não se trata de uma lograda evolução ideal; ainda disto distanciamo-nos, mas, repetindo as grandes figuras do pensamento utópico: o mundo não *é*, ele *está sendo*. O que não poderemos é esconder-nos dos nossos deveres, sobretudo em fase assim delicada.

Em 1968, reuniram-se na Universidade da Califórnia os mais destacados nomes do "movimento da esperança". Ocasião na qual Ernst Bloch apresentou – o que antes apresentara a estudantes em Viena – as ideias de sua conferência intitulada "O homem como possibilidade"; peça que o autor destas páginas teve a honra de traduzir para a *Revista Reflexão* (1976). Ali, muito curiosamente, e na mesma medida brilhantemente, E. Bloch – já muito idoso – aborda o "sonhar humano". Dediquemos algumas linhas às belas ideias do então encanecido filósofo da esperança.

Ludwig Feuerbach, pusera-se desgostoso com os sonhadores que sonham acordados. Suavemente, mas com segurança, Ernst Bloch contesta as ideias de Feuerbach.

O autor deste livro sempre teve dificuldades de julgar tanto desesperançados quanto esperançosos. Há inclusive encenações de esperança e de desesperança; ao longo de suas décadas de convivência humana este atento observador viu com clareza figuras intelectualmente um tanto esnobes, sempre a avaliarem os cultores da esperança com curiosa sobranceria. Como se observassem criaturas de pouca maturidade, movidas estas por uma fé um tanto dogmática em sua espiritualidade.

Ora, este autor teria imensa dificuldade de avaliar assim um Santo Agostinho, um contemporâneo Albert Schweitzer, um Gandhi ou um Rabindranath Tagore e mesmo um Dom Helder Câmara – para lembrar apenas alguns. Há que se ler com máxima atenção sabedorias como as de um Max Scheler, de um Martin Buber ou de um Alceu Amoroso Lima, bem como sabedorias tão distintas como as de um Gabriel Marcel e a de um Dalai Lama (XIV Dalai Lama do Tibete).

De qualquer maneira, encontramos pela vida tantos líricos da esperança, cantando hinos filhos de dogmáticos acolhimentos, os quais sentimos claramente filhos dos mais transidos medos. Quem de nós alguma vez não disfarçou seus temores numa salmodia enganadora? Na verdade há, no meio humano monumentos de esperança e fé – realidades densamente verdadeiras; bem como há seres assustados, inseguros, que preferem ser vistos por sua imagem contrária: a da fé viva e confiante.

Ora, no complexo tecido existencial, tais oposições são perfeitamente humanas; não há por que desrespeitarmos criticamente qualquer delas. É ainda muito mais intensa (e bela!) a diversidade no existir humano, sempre dando oportunidade a ricos diálogos, excelentes convivências; mas, observava muito Erich Frömm que ainda somos um tanto adolescentes, suficientemente capazes de preferir confrontos, em vez da dialogia que pode amadurecer-nos. Mas, a dinâmica histórica rodopia-nos na arena ampla e múltipla do mundo e, queiramos ou não, se atentos, viveremos algumas vidas em cada vida.

Com nosso vigor ou nosso medo, o mundo nunca pactuará com a inércia. Esta é uma esperança dialética.

Em fases históricas às vezes realmente críticas, ou planejamos um futuro ainda que de lutas fecundas ou nos entregamos ao pior. Planos pedem de cada um de nós, atitudes e ações; a inércia não pede e nem oferece nada. E nisto somos levados a lembrar La Rochefoucauld: "É preferível morrer em pé, do que viver ajoelhado".

Não há futurição que nos esclareça propriamente os tempos vindouros; no entanto, sob as ansiedades da atualidade, sempre nos preocupamos com os tempos futuros. Sensibilidades e inteligências várias garantem-nos que o que virá está também em grande dependência dos nossos compromissos e disponibilidades para agirmos da melhor forma para com as gerações que agora começam e depois desenvolverão o viver. Diria, por exemplo, o budismo, que as permanências humanas são tecidas de impermanências.

Para concluir repitamos Heidegger ao dizer este: "É na crise que o pensamento se agiganta". Temos ameaças negativas e vislumbres de positividade: ambos devem dispor-nos, não a futurições mas a planejamentos. Estamos na dinâmica do mundo e, é fato inconteste, o mundo precisa de nós.

Se

Se és capaz de manter a tua calma
quando
todo mundo ao redor já a perdeu e te
culpa,
De crer em ti, quando estão todos
duvidando
e para estes, no entanto, achar uma
desculpa;
Se és capaz de esperar sem te
desesperares,
ou, enganado, não mentir ao mentiroso,
ou, sendo odiado, sempre ao ódio te
esquivares,
e não parecer bom demais, nem
pretensioso;

Se és capaz de pensar – sem que a isso
só te atires,
de sonhar – sem fazer dos sonhos teus
senhores;
Se encontrando a Derrota e o Triunfo,
conseguires
tratar da mesma forma a esses dois
impostores;
Se és capaz de sofrer a dor de ver
mudadas
em armadilhas as verdades que disseste,
e as coisas por que deste a vida,
estraçalhadas,
e refazê-las com o bem pouco que te
reste;
Se és capaz de arriscar numa única
parada

tudo quando ganhaste em toda a tua vida,
e perder, e ao perder, sem nunca dizer nada,
resignado, tornar ao ponto de partida.
De forçar coração, nervos, músculos, tudo,
a dar, seja o que for, que neles ainda existe,
e a persistir assim, quando, exaustos, contudo
resta a vontade em ti, que ainda ordena: persiste!

Se és capaz de, entre a plebe, não te corromperes
e, entre reis, não perderes a naturalidade;
e de amigos, quer bons, quer maus, te defenderes;
Se a todos podes ser de alguma utilidade;
e és capaz de dar, segundo por segundo,
ao minuto fatal todo valor e brilho:

Tua é a Terra com tudo que existe no mundo
e – o que ainda é muito mais, és um HOMEM,
meu filho!

Nota biográfica

Rudyard Kipling, foi uma das grandes vozes poéticas do Reino Unido; nascido em 30/12/1865 e falecido em 18/01/1936. Novelista, poeta, contista e jornalista, foi o mais jovem britânico a receber o Prêmio Nobel de Literatura em 1907, tendo sido um dos escritores mais populares do Reino Unido, graças à sua força poética e sua sapiente grandeza de alma.

Em 1910, escreveu e deu a público o poema *Se* [*If*], o qual tem atravessado o tempo com o mesmo habitual e reverente bem-querer dos leitores.

Com esta imortal peça poética entendemos encerrar o presente livro.

R. de Morais

Referências

AGOSTINHO (1981). *Confissões*, 10. ed. Porto: Livraria Apostolado da Imprensa.

ALVES, R. (1972). *Tomorrow's Child* – Imagination, Creativity and the Rebirth of the Culture. Nova York: Harper & Row.

______ (1969). *A theology of human hope.* Washington: Corpus.

AMÊNDOLA, G. (2005). *Assassinatos sem nenhuma importância*. São Paulo: Terceiro Nome/Mostarda.

AUZELLE, R. (1978). "Chaves do urbanismo". In: MORAIS, R. São Paulo: Cortez & Moraes.

BACON, F. (1974). *Scritti filosofici.* Turim: UTET.

BARBER, B.R. (2009). *Consumido*: como o mercado corrompe crianças, infantiliza adultos e engole cidadãos. Rio de Janeiro: Record.

BARTH, A. (1965). *Valores permanentes do judaísmo*. Rio de Janeiro: B'Nai B'Rith.

Bíblia Sagrada (1957). Rio de Janeiro: Imprensa Bíblica Brasileira, 1957 [trad. João Ferreira de Almeida].

BLOCH, E. (2005). *Princípio esperança*. 2 vols. Rio de Janeiro: Contraponto/EdUerj, 2005.

______ (1976). O homem como possibilidade. *Revista Reflexão*, vol. II, n. 2 [trad. Regis de Morais].

BUBER, M. (2004). *El camino del hombre*. Buenos Aires: Altamira.

CAPRA, F. (1987). *O ponto de mutação*. São Paulo: Cultrix.

CASSIRER, E. (1972). *Antropologia filosófica – ensaio sobre o homem*. São Paulo: Mestre Jou.

CHARDIN, T. (s./d.). *O meio divino*. Lisboa: Editorial Presença.

CONFÚCIO [Kung Fu Tseo] (2006). *Os analectos*. Porto Alegre: L&PM [trad. do inglês: Caroline Chang; trad. do chinês: D.C. Lau].

DAVIS, K. (1947). Final note on a case of extreme isolation. *American Journal of Sociology*, vol. 52, mar., p. 432-437.

ECKHARDT, W. (1992). *Civilizations, empires and wars*. Carolina do Norte/Londres: McFarland.

FRANKL, V.E. (2015). *O sofrimento de uma vida sem sentido*. São Paulo: É Realizações.

______ (1989). *Um sentido para a vida*: psicoterapia e humanismo. Aparecida: Santuário.

FREYER, H. (1965). *Teoria da época atual*. Rio de Janeiro: Zahar.

FURTER, P. (1974). *Dialética da esperança*. Rio de Janeiro: Paz e Terra.

JASPERS, K. (1964). *A situação espiritual de nosso tempo*. Lisboa: Moraes.

JOLIF, J.-Y. (1970). *Compreender o homem* – Introdução a uma antropologia filosófica. São Paulo: Herder/Edusp.

KAVANAUGH, J.F. (1984). *Seguindo a Cristo numa sociedade de consumo*. São Paulo: Paulinas.

KELEMAN, S. (1994). *Realidade somática* – experiência corporal e verdade emocional. São Paulo: Summus.

LÄNGLE, A. (1992). *Viver com sentido* – análise existencial aplicada. Petrópolis/São Leopoldo: Vozes/Sinodal.

LETOURNEAU, C. (1891). *L'Evolution juridique dans les diverses races humaines*. Paris: Lacrosnier et Babé.

MARCEL, G. (1944). *Homo viator*. Paris: Gallimard.

MORAIS, R. (org.) (1978). *Construção social da enfermidade*. São Paulo: Cortez & Moraes.

MORAIS, R. (2016). *Gerações ameaçadas*: ensino e educação. Campinas: Papirus.

______ (2011). *Filosofia do diálogo*. Campinas: Alínea.

______ (2010). *Filosofia da ciência e da tecnologia*. 9. ed. Campinas: Papirus.

______ (2009). *TV e educação*: entre o caos e o horizonte. Campinas: Alínea.

_____ (2002). *Evolução humana e fatos históricos*. Capivari: EME.

_____ (1997). Sobre sociedade e ciência no mundo atual (a Psicologia). *Cadernos de Pesquisa*, p. 66-72.

_____ (1991). *Educação em tempos obscuros*. São Paulo: Cortez/Autores Associados.

MUSIL, R. (1957). *L'uomo senza qualitá*. Turim: Einaudi.

ORTEGA Y GASSET, J. (1957). *Meditación de la tecnica*. Madri: Revista de Occidente.

PASCAL, B. *Pensamentos*. São Paulo: Abril [Coleção Pensadores].

PIETROCOLLA, L.G. (2009). *O que todo cidadão precisa saber sobre sociedade de consumo*. Rio de Janeiro: Global.

REALE, G. & ANTISERI, D. (1990). *História da filosofia*. Vol. III. São Paulo: Paulus.

Revista Reflexão, vol. II, n. 2, 1976 [PUC-Campinas].

RIBEIRO, D. (1995). *O povo brasileiro*. São Paulo: Companhia das Letras.

ROSSI, P. (2013). *Esperanças*. São Paulo: Editora da Unesp.

SÁBATO, E. (2004). *La resistencia (ensayo)*. Buenos Aires: Seix Barral.

_____ (2000). *Antes do fim* – Memórias. São Paulo: Companhia das Letras.

SCHELER, M. (1986). *Visão filosófica do mundo*. São Paulo: Perspectiva.

SOUZA, R.T. (2004). *Sobre a construção do sentido* – O pensar e o agir entre a vida e a filosofia. São Paulo: Perspectiva.

Van den AARDWEG, G.J.M. (1978) *Autopiedade neurótica e terapia antiqueixa.* São Paulo: Cortez & Moraes.

VIVERET, P. & MORIN, E. (2013). *Como viver em tempo de crise?* Rio de Janeiro: Bertrand Brasil.

VV.AA. (1973). *El futuro de la esperanza.* Salamanca: Sígueme.

LEIA TAMBÉM:

Filosofia: e nós com isso?

Mario Sergio Cortella

A principal contribuição da Filosofia é criar obstáculos, de modo a impedir que as pessoas fiquem prisioneiras do óbvio, isto é, que circunscrevam a sua existência dentro de limites estreitos, de horizontes indigentes e de esperanças delirantes.

A Filosofia não é a única que pode dificultar a nossa mediocrização, mas é aquela que tem impacto mais significativo nessa empreitada, pois requer um pensamento e uma reflexão que ultrapassem as bordas do evidente e introduzam alguma suspeita naquilo que vivemos e acreditamos. Em outras palavras, a Filosofia estende a nossa consciência e fortalece nossa autonomia.

Toda dimensão reflexiva precisa ser radical, ou seja, lançar raízes profundas e escapar da superficialidade.

A Filosofia, quando sistemática e não dogmática, nos oferece algumas ferramentas mentais para procurar mais precisão no foco de uma existência que, mesmo que finita, não precisa ser vulgar e parasitária; ela implica aprofundar as "razões" e os "senões" daquilo que, ao mesmo tempo, se deseja e se percebe viável.

Mais do que uma Filosofia do cotidiano seria uma Filosofia no cotidiano! Isto é, a presença da indagação filosófica sobre temas da nossa vivência de agora, iluminados pela história do pensamento, mas sem mergulhar em meras abstrações eruditas, com simplicidade (sem ser simplória) e com compreensibilidade (sem ser superficial).

Mario Sergio Cortella, nascido em Londrina/PR em 05/03/1954, filósofo e escritor, com mestrado e doutorado em Educação, professor-titular da PUC-SP (na qual atuou por 35 anos, 1977/2012), com docência e pesquisa na Pós-Graduação em Educação: Currículo (1997/2012) e no Departamento de Teologia e Ciências da Religião (1977/2007); é professor-convidado da Fundação Dom Cabral (desde 1997) e ensinou no GVpec da FGV-SP (1998/2010). Foi secretário municipal de Educação de São Paulo (1991-1992). É autor de mais de 35 livros com edições no Brasil e no exterior, entre eles, pela Vozes, *Não espere pelo epitáfio!*; *Não nascemos prontos!*; *Não se desespere!*; *Filosofia e Ensino Médio: certas razões, alguns senões, uma proposta*; *Pensar bem nos faz bem!* (4 volumes); *Felicidade foi-se embora?* (com Frei Betto e Leonardo Boff) e *Qual é a tua obra?: inquietações propositivas sobre gestão, liderança e ética*.

Afirmar-se com Nietzsche

Balthasar Thomass

A filosofia sempre teve por ambição melhorar nossa vida, fazendo-nos compreender quem somos. Mas a maior parte dos livros de filosofia se interessa, sobretudo, pela questão da verdade e se limita a estabelecer fundamentos teóricos, sem se interessar pelas aplicações práticas. Nessa obra, ao contrário, os autores vão se interessar pelo que podemos tirar de uma grande filosofia para mudar nossa vida: a minúcia do quotidiano, como o olhar que lançamos sobre a nossa existência e o sentido que lhe damos.

Esse livro não é somente um livro para ser lido, mas também um livro para ser praticado. Questões concretas sobre a sua vida se seguem às teses apresentadas em cada capítulo. Não seja passivo, arregace as mangas para interrogar sua experiência e dela extrair respostas honestas e pertinentes. Exercícios concretos o incitarão a pôr em prática os ensinamentos do filósofo na sua vida. Da mesma forma, esforce-se em apropriar-se deles e encontrar situações oportunas para praticá-los com seriedade.

Será que você está pronto para a viagem? Ela pode revelar-se surpreendente, por vezes árida, por vezes chocante. Será que você está pronto para se sentir desestabilizado, projetado em uma nova maneira de pensar, e, portanto, de viver? Essa viagem através das ideias de um filósofo do século XIX também o transportará ao mais profundo de si mesmo. Então, deixe-se guiar ao longo das páginas, ao longo das questões e das ideias, para descobrir como o pensamento de Nietzsche pode mudar sua vida.

Balthasar Thomass é professor-associado de Filosofia.

Ser livre com Sartre

Frédéric Allouche

O existencialismo de Sartre é parte de um projeto de vida: descobrir-se livre e transformar a própria vida; superar as condições sociais, religiosas ou pessoais que nos entravam; identificar o funcionamento conflitante de nossos relacionamentos com os outros para nos superar; lembrar-se que pensar é ter a liberdade de *escolher*. Em todos os momentos a filosofia de Sartre atua como um estímulo que nos obriga a agir, sem desculpas válidas. Não é complacente porque proíbe pequenos arranjos consigo mesmo, proscreve álibis de todos os tipos e estratégias de escape que às vezes dão boa consciência.

Mas, confrontar-se com a realidade é oferecer a si mesmo a oportunidade de finalmente viver em harmonia consigo mesmo, provar a alegria de ser autêntico.

Esse livro não é um livro apenas para ser lido, mas também para ser posto em prática. Questões concretas a respeito de nossa vida acompanham as teses apresentadas em cada capítulo. Não o leia passivamente, mas arregace as mangas para questionar sua vida e obter assim respostas honestas e pertinentes. Com provocações e exercícios concretos, você será incitado a trazer para dentro de sua vida concreta os ensinamentos da filosofia. Da mesma maneira, esforce-se para se apropriar deles e encontrar situações oportunas para praticá-los seriamente.

Você está pronto para começar a viagem? Pode ser que ela o surpreenda, ou pareça, às vezes, árida, ou quem sabe chocante... Você está preparado para se sentir desestabilizado, arremessado em uma nova maneira de pensar e, portanto, de viver? Essa viagem através das ideias de um filósofo do século XX o transportará também para o fundo de você mesmo. Então, deixe-se guiar ao longo destas páginas, acompanhando as questões e as ideias apresentadas, para descobrir como o pensamento de Sartre pode mudar sua vida.

Frédéric Allouche é formado em etnologia e em psicologia. É professor de Filosofia no Lycée Charles de Foucauld, em Paris.

EDITORA VOZES LTDA.
Rua Frei Luís, 100 – Centro – Cep 25689-900 – Petrópolis, RJ
Tel.: (24) 2233-9000 – Fax: (24) 2231-4676 – E-mail: vendas@vozes.com.br

UNIDADES NO BRASIL: Belo Horizonte, MG – Brasília, DF – Campinas, SP – Cuiabá, MT
Curitiba, PR – Fortaleza, CE – Goiânia, GO – Juiz de Fora, MG
Manaus, AM – Petrópolis, RJ – Porto Alegre, RS – Recife, PE – Rio de Janeiro, RJ
Salvador, BA – São Paulo, SP